Wat op het spel staat

PHILIPP BLOM BIJ DE BEZIGE BIJ

De duizelingwekkende jaren
Het verdorven genootschap
Alleen de wolken
De opstand van de natuur
Bij storm aan zee

Philipp Blom

Wat op het spel staat

Vertaling W. Hansen

2018

DE BEZIGE BIJ

AMSTERDAM

Eerste druk oktober 2017
Tweede druk november 2017
Derde druk november 2017
Vierde druk december 2017
Vijfde druk juli 2018
Oorspronkelijke titel *Was auf dem Spiel steht*
Oorspronkelijke uitgever Carl Hanser Verlag, München
Omslagontwerp Studio Jan de Boer
Foto auteur Thierry Demarquest
Vormgeving binnenwerk CeevanWee, Amsterdam
Druk Bariet Ten Brink, Meppel
ISBN 978 90 234 6598 0
NUR 680

debezigebij.nl

Voor Paul
en voor Veronica,
zonder wie ik dit
boek nooit had
kunnen schrijven

GEEN PLANEET B

Het zou fantastisch zijn als we een tweede planeet hadden, een ideale waarnemingspost met zicht op de aarde, waarop homo sapiens, een slachtoffer van zijn eigen evolutionaire succes, een historisch experiment doormaakt waarvan de mislukking ook zijn einde kan betekenen. Zullen de fascinerende primaten succes hebben? Wat voor gevolgen heeft de steeds grotere technologische reikwijdte van hun ambities? Wanneer worden ze zich bewust van hun situatie, als dat al gebeurt? En hebben ze genoeg gemeenschappelijke wil om te overleven? Vanaf een andere planeet zou het fascinerend zijn dat gade te slaan.

Maar er is nog geen tweede planeet gevonden.

BETRAPT

Steeds weer betrap ik me op de vraag of de dingen werkelijk zouden kunnen gebeuren zoals ik ze hier heb voorgesteld, of het niet allemaal vergezocht is, lichtelijk hysterisch. Ik onderzoek mijn argumenten, ik vergelijk. Ik kom tot de conclusie: nee, niet hysterisch.

Maar echt geloven wil ik het nog steeds niet.

Inhoud

De gespleten toekomst

No Future, Inc.

'Het is zeker waar wat de filosofie stelt, namelijk dat het leven achterwaarts moet worden begrepen. Maar daarbij vergeet men de andere stelling dat we voorwaarts moeten leven.'

SØREN KIERKEGAARD, Dagboek, 1843

Laten we een glas water nemen. In dit geval is het geen normaal water. Het is geschonken uit een fles Cristallo 'Tributo a Modigliani'. Die fles, met de mond geblazen en met 24-karaats goud versierd, kost ongeveer 50.000 euro – inclusief de inhoud, een *cuvée* van de beste mineraalwaters uit Fiji, Frankrijk en een IJslandse gletsjer. Het is gesmolten water, en het is niet eens het enige mineraalwater dat van gletsjers afkomstig is. Maar het is wel veruit het duurste op de wereld. De markt wordt pas echt concurrerend als het om merken van rond de 30 euro gaat. Er zijn mensen genoeg die zoveel geld voor een fles water willen uitgeven, zo nodig met kristallen versiering.

Water wordt steeds kostbaarder. Het zal de oorzaak van oorlogen zijn, het wordt machtsbasis, handelswaar, chantagemiddel en migratiemotief. Op enkele plaatsen komt het steeds hoger te staan, terwijl het elders helemaal wegblijft. Intussen drinkt het hoogste procent van één procent van de wereldbevolking uit vergulde flessen water van gletsjers die spoedig verdwenen zullen zijn. Welkom in onze tijd.

—

Het heden is altijd duister, ondoorzichtig. Het is moeilijk de contouren van het landschap te onderscheiden als overtrekkende wolken en mist het zicht belemmeren. Laten we daarom een proef met onszelf nemen, een gedachte-experiment. We stellen ons voor dat het heden niet het heden is, het product dus van een bepaalde geschiedenis en de normaliteit waarin we allemaal leven, maar iets wat al lang voorbij is, een punt op een lange lijn van verandering en evolutie, een doorgangsstadium van de geschiedenis. Wat zouden we zien als we op afstand naar het jaar 2017 zouden kunnen kijken, twee of drie generaties verder?

Stel je voor dat over vijftig jaar een jonge historica aan een geschiedenis van de vroege eenentwintigste eeuw werkt. Wat zou haar dan opvallen? Wat zou zij zien als de doorslaggevende factoren? Wat zou zij aan onze tijd onbegrijpelijk vinden? Waar zou ze aandacht aan besteden? Vast niet aan de namen van staatshoofden, demagogen en managers, aan terreurgroeperingen en beroemdheden of regionale oorlogen. Vanuit haar perspectief zal ze iets anders belangrijk vinden.

Als de toekomstige jonge historica in een hoogontwikkeld land woont, is het bijna zeker dat praktisch al het werk zal worden gedaan door intelligente robots en andere machines, door algoritmen. Ook haar onderzoek wordt vast verrijkt door algoritmen, die enorme hoeveelheden gegevens kunnen verwerken en ontsluiten. Dat is precair, per slot van rekening vertrouwt ze daarmee impliciet op het oordeel van het algoritme, maar daar staat tegenover dat ze in de winter nooit een verkoudheid zal oplopen bij haar onderzoek in een tochtig archief, als ze dat zou willen vermijden. Maar ook het eerder zo koele archief zal iets warmer zijn, want het klimaat op aarde zal al een flinke verandering hebben ondergaan, en Europa zal afhankelijk zijn van de vraag of de Golfstroom tot stilstand gekomen is of niet; het is dan een veel warmer of een veel kouder continent geworden.

Wat zou die historica zich dus afvragen als ze onderzoek doet naar de vroege eenentwintigste eeuw? Twee dingen zou ze waarschijnlijk niet begrijpen. Enerzijds zou ze zien dat de wetenschap de opwarming van de aarde reeds lang had opgemerkt en in de gaten hield, maar dat de toenmalige samenlevingen maar heel langzaam en aarzelend op die enorme transformatie reageerden. Anderzijds zou ze zien dat de digitalisering al diepgaand was gaan ingrijpen in economische netwerken, sociale structuren en politieke machtsconstellaties, maar dat ook die ontwikkeling tot slechts kleine en vaak zuiver symbolische reacties had geleid. In de samenlevingen van die dagen, zou ze kunnen concluderen, draaide alles, om moeilijk verklaarbare redenen, om verwachtingsmanagement en de verdediging van privileges. Met de toekomst werd in wezen geen rekening gehouden.

Waarom, zo zou onze historica zich afvragen, klampten de mensen zich in die tijd zo vast aan een economisch model dat gevaarlijk en achterhaald was, waarom zijn er geen massademonstraties en gewapende opstanden geweest om een snelle en resolute verandering teweeg te brengen? Waarom hebben ze hun eigen wetenschappers niet geloofd? In die tijd was een ommekeer misschien nog mogelijk geweest. Hebben de mensen dan niet geweten dat sinds het begin van de metingen zestien van de zeventien warmste jaren zich tussen 2000 en 2017 hebben voorgedaan? Hebben ze nooit een fabriek gezien die toen al bijna zonder menselijke arbeid uit kon? Hebben ze gewoon hun ogen niet willen geloven, of hebben ze om een bepaalde reden geweigerd consequenties te trekken uit wat ze zagen?

In plaats van een antwoord een sfeerbeeld: de rijke, democratische landen, de grote economische machten, de G7 of G8, de voormalige koloniale machthebbers en voormalige industriële gebieden zijn afgegleden naar een reactionair tijdperk. Hun dierbaarste gevoel is nostalgie. Ze willen geen toekomst. Toekomst is verandering, en verandering is verslechtering, betekent migratie van miljoenen mensen, klimaatverandering, ineenstortende sociale systemen, exploderende kosten, bommen in nachtclubs, milieuverontreiniging, verblekende koraalriffen, het massaal uitsterven van soorten, falende antibiotica, overbevolking, islamisering, burgeroorlog. De toekomst moest voorkomen worden. De mensen in de rijke wereld willen maar één ding: dat het heden nooit eindigt.

De politiek sprak vroeger in visies, en die visies waren moorddadig. Tegenwoordig hebben we realistischer aanspraken. Politiek wordt zakelijk bestuur, verwachtingsmanagement, customer service. Alleen *feelgood*-goeroes, Silicon Valley-types en sekteleiders hebben het nog over Utopia, over een betere wereld die voor ons ligt en waarin de problemen van onze tijd nog maar herinneringen zijn. Voor de rest zijn de projecties van onze toekomst stuk voor stuk troosteloos tot wanhopig: Michel Houellebecq en Hollywood, Lars von Trier en langlopende wetenschappelijke studies, Cormac McCarthy en talloze computerspelletjes tonen ons anti-utopieën. Er stroomt vage paniek door onze aderen. In de rijke wereld gelooft amper iemand nog dat het zijn eigen kinderen beter zal gaan, dat hard werken beloond wordt, dat politici in het belang van hun kiezers willen of kunnen handelen, dat de mensheid een betere tijd te wachten staat. Dan maar liever geen verandering. Zo wordt het hoogste doel het handhaven van de status quo.

Maar de verandering, het getijde van het nieuwe, wordt sterker. Ze verjaagt miljoenen mensen door droogte en overstromingen en drijft ze op de vlucht; in rijke landen ontneemt ze onverbiddelijk steeds meer mensen hun baan, schept onzekerheid, dijt de ons vertrouwde grootte van de wereld uit en krimpt die in, elke stap en elke kleine moeite voelt onverwacht en kunstmatig aan. Een wijdverspreid gevoel dat nog niet tot begrip gestold is, zegt ons dat we de controle aan het verliezen zijn, dat niets meer is wat het ooit was, dat we niet meer kunnen controleren en begrijpen wat er op het ogenblik aan de hand is. We klampen ons dus vast aan wat we kennen, aan wat we comfortabel vinden. De toekomst is per slot van rekening toch al onzeker.

Als we niet kunnen vasthouden wat we hebben, gaan we allemaal ten onder. De ratten pakken hun spullen al, de superrijken kopen *boltholes* in Nieuw-Zeeland, schuilplaatsen met voedselreserves, bunkers en generatoren, om zich voor de naderende Apocalyps in veiligheid te brengen. Maar intussen hebben de voorbodes ervan een tijd geleden al de kusten van hun idyllische eilandstaat bereikt. Intensieve veehouderij droogt rivieren uit en verpest ze met chemicaliën, steeds grotere delen van de landbouwgrond en van de infrastructuur zijn in handen van Chinese investeerders, en het vroegere legendarische sociale stelsel van het land – een soort Zweden met zon – werd in het kader van een economische hervorming en privatisering afgebroken, opgeheven of verkwanseld.

Tegenwoordig is Nieuw-Zeeland een toevluchtoord voor de elite van Silicon Valley, die zich verlekkert aan de Apocalyps. Tegelijkertijd is armoede ook daar bepaald niet ongewoon meer, een groeiend aantal kinderen gaat 's ochtends met een lege maag naar school, oudere scholieren hebben een bijbaantje om het gezinsinkomen wat op te krikken en komen niet aan hun huiswerk toe, leraren zijn een groot deel van hun tijd kwijt aan het bijeenschrapen van geld voor hun school bij particuliere donoren om althans het allernoodzakelijkste te kunnen garanderen. Bij een bushalte in Auckland zag ik een man in vrijetijdskleding vuilnisbakken afzoeken op iets eetbaars. Het paradijs is al veel eerder de vrije markt geworden. Wie niets te verkopen heeft, wordt door de honden gebeten.

De valstrik van de normaliteit

Waar is de toekomst gebleven? Wie heeft haar vernietigd, in welke uithoek houdt ze zich schuil? Is het behoud van de status quo het beste waarop we kunnen hopen? En is een samenleving zonder hoop een lang leven beschoren?

In de eerste plaats: het gebrek aan toekomst betreft alleen de samenlevingen in het zogenaamde Westen, die veel te verliezen hebben. Waarnemers in Zuid-Amerika, Azië en Afrika constateren dat de voormalige koloniale heersers treuren om het verlies van hun macht, terwijl vooral in Zuidoost-Azië nog steeds een onbezwaard gevoel van verandering in de lucht hangt en honderden miljoenen mensen verlost zijn van bittere armoede. Maar al te groot optimisme kan de sfeer eveneens vergiftigen. Ook in New Delhi en Peking moeten de mensen de lucht die de vooruitgang produceert nog kunnen inademen.

In het rijke Westen kan nog geademd worden, omdat de smerigste troep, de ergste verwoesting die de samenleving er produceert, naar de periferie is verbannen, daar waar niemand kijkt. Uit het oog, uit het hoofd. De aardolie heeft een geheel eigen geografie van terreur en burgeroorlogen geschapen, de honger van het Westen vreet zich met de dag dieper de regenwouden in. Maar terwijl palmolie en soja elders alle leven en levensvormen vernietigen, zien de consumenten alleen maar cosmetica en chocola en hamburgers.

Zo mesten gerooide regenwouden runderen vet en ook prijsbewuste consumenten van andere continenten, die hun patriottische plicht doen door een bijdrage te leveren aan de economische groei. Als er dan toch geen betere toekomst mogelijk is, kunnen we op zijn minst onze eigen tijd aangenaam inrichten. Toch hangt er iets in de lucht: een voorgevoel, een immense woede, angst. Veel mensen willen terug naar een beter verleden, willen muren bouwen, zich weer veilig voelen. Het feit dat de westerse samenlevingen steeds verder 'musealiseren', sluit daarbij aan. Volgens een schatting van de International Council of Museums zijn er ongeveer 55.000 musea op de wereld. Ongeveer twee derde ervan staat in Europa en de Verenigde Staten. Duitsland alleen al telt bijna zevenduizend musea. Meer dan de helft ervan is na de Tweede Wereldoorlog opgericht. Het verleden als totem dat in stand gehouden moet worden voor mensen die menen geen toekomst meer te hebben.

Dat is allemaal zo omdat het zo moet zijn, het is een logische ontwikkeling, het resultaat van technologische vooruitgang en politieke verschuivingen. De wereld is zoals ze is, omdat het niet anders kon. Misschien is het de oude kringloop van bloei en verval, een historische wet, waarover de oude Grieken al geschreven hebben.

Het is in zekere zin logisch dat te denken. Maar misschien is juist het tegendeel wel het geval. Misschien zijn onze samenlevingen door toeval ontstaan, door misverstanden, improvisaties en compromissen, mislukte moorden en fortuinlijk gewonnen veldslagen, gevoerd door onverhoopt opduikende charismatische leiders of middelmatige vorsten op het verkeerde tijdstip en op de verkeerde plaats, door klimaatschommelingen, individueel geluk en individuele pech – en door enorm veel kolen, aardolie, staal en beton. Geen voorzienigheid heeft de wereld zo gestuurd, geen vooruitgang zo gevormd. Alles had ook anders kunnen zijn.

De gedachte dat alles is zoals het is omdat het niet anders kan, doet elke poging na te denken over alternatieven teniet. Het is het denken van de markt met echo's van veel oudere, religieuze gevoelens, die achter de gebeurtenissen een plan vermoeden, een goddelijke voorzienigheid, een onzichtbare hand – een wonderlijk troostrijke voorstelling van zaken. Het zal allemaal wel meevallen, we zijn altijd weer de dans ontsprongen, per slot van rekening kan dit hier niet alles zijn, tenslotte is de menselijke geschiedenis een lange mars naar het licht, zij het met dramatische nevenschade, maar waar veel licht is, is nu eenmaal ook veel schaduw.

Het is destabiliserend, maar ook bevrijdend om van het tegendeel uit te gaan. Niets aan de tegenwoordige situatie is natuurlijk en noodzakelijk, niet het beroemde democratische bestel, niet het bestaan van mensenrechten, niet de klimaatverandering of de digitalisering van de menselijke arbeid, niet de stijging van de levensstandaard en de levensverwachting in veel landen, niet het idee dat een samenleving geleid kan worden als een bedrijf. Het zijn incidentele en vaak toevallige ontwikkelingen, het gevolg van unieke combinaties, doorgangsstadia naar een nog onbekende toekomst. Maar dat betekent ook: alles zou ook anders kunnen zijn, alleen natuurwetten zijn nu eenmaal zoals ze zijn.

Samenlevingen zijn niet noodzakelijkerwijs geworden zoals ze zijn. Ze worden ook bewust beïnvloed en gevormd. Wat ze in het algemeen tot samenlevingen maakt, zijn de verhalen die ze over zichzelf vertellen, verhalen over helden en hun doodsvijanden, over eer en geweld, over wat deugd betekent en wat ondeugd, welke offers de samenleving verwacht, wat ze als beloning voor heldendom belooft, wat nastrevenswaardig is en wat toegestaan. Samenlevingen vertellen hun leden over mythen en heilige boeken, films en romans, sociale netwerken en sportmanifestaties, kruiswoordpuzzels en liefdesaffaires, televisiereclames en filosofische werken, of ook gewoon alleen maar over alledaagse situaties. Het zou een fatale vergissing zijn het verhaal waarvan wij toevallig deel uitmaken, aan te zien voor een objectieve waarheid en een objectieve noodzaak.

Van water in wijn

Nog een vloeibaar voorbeeld, ditmaal een glas wijn. In het glas zit druivensap, waarvan het suikergehalte door gistingsprocessen in alcohol is veranderd. De eencellige organismen zijn wonderlijk effectief. Onvermoeibaar vreten ze alles op wat ze aantreffen en ze vermeerderen zich explosief, tot ze bij een bepaald alcoholgehalte verhongeren en stikken. Maar ze weten niet van wat hun te wachten staat. Ze vreten gewoon door.

Tussen die eencellige gistsporen en gewervelde dieren liggen miljoenen jaren evolutie, en toch is hun collectieve gedrag nauwelijks veranderd. Vooral een van die gewervelde dieren, homo sapiens, vreet zich door natuurlijke hulpbronnen heen alsof die onuitputtelijk zijn, sneller dan ooit, vraatzuchtiger dan ooit. Ondanks symbolisch denken, Bach en Shakespeare, ondanks Einstein en Michelangelo demonstreert de mens als collectief niet dat hij evolutionair iets meer geleerd heeft dan de eencelligen. De gistzwammen – dat zijn wij.

Maar de mensen die nu leven, zijn ook de eerste generatie in hun soort die zich andere leerstof ten nutte kan maken. Wetenschappelijk onderzoek en modellen geven hun een behoorlijk goede voorstelling van de waarschijnlijke consequenties van hun collectieve handelen – alleen is die voorstelling zo onwerkelijk en onaangenaam, schijnbaar zo ver verwijderd van de tegenwoordige realiteit, dat het moeilijk valt die te geloven. De mensheid vreet door, gevangen in haar eeuwigdurend heden.

Uitzicht zonder inzicht: klimaatverandering, digitalisering en consumptie

Bedrijfstemperatuur

Wie over de toekomst wil nadenken, moet één zin uit zijn vocabulaire schrappen. Die zin luidt: 'Dat kan nooit gebeuren.'

De laatste jaren is er zoveel geschreven over wat slimme, van veel data voorziene of intuïtieve, persoonlijke of academische analyses eerder voor onmogelijk hadden gehouden, dat het geboden lijkt te beseffen dat er een geheel nieuw zicht is ontstaan op politieke, economische en culturele mogelijkheden – een zicht op existentiële bedreiging en op een historische kans.

Terwijl ik dit schrijf, februari 2017, geeft de thermometer in Wenen 20 graden Celsius aan – een temperatuur die normaal gesproken in april of mei te verwachten is – terwijl in Duitsland en Groot-Brittannië stormen woeden die niet in dit jaargetijde passen. Dat is natuurlijk een uitzondering – zoals de temperatuur op de Noordpool, waar het op het ogenblik even warm is als in Berlijn, en zoals de twee gigantische orkanen die de laatste twee jaar New York hebben getroffen, zoals de historische droogte in Californië, in delen van Pakistan en het Nabije Oosten, zoals de onverwacht hevige regenval in 2015 in India en in 2017 in Peru en Australië, zoals het feit dat de jaren 2014, 2015 en 2016 telkens een nieuw hitterecord hebben gevestigd, terwijl het laatste kouderecord uit 1960 dateert. Er komt een moment dat je je door die opeenstapeling van uitzonderingen de vraag moet stellen wanneer daaruit een nieuwe regel ontstaat.

Energie en de geschiedenis van de arbeid

Het is allemaal een kwestie van arbeid, van energie, van de secundaire evolutie. In de loop van de vroegste geschiedenis hebben mensen zich losgemaakt van de voortdurende noodzaak voedsel te zoeken door steeds meer arbeid uit te besteden en andere energiebronnen te benutten. Afgezien van wind en stroming en brandstof als hout en turf was de belangrijkste bron de arbeid van andere, sociaal lager geplaatste mensen.

Het klassieke Rome bouwde een wereldrijk op met een adembenemend complexe logistiek en organisatie en hield een wereldstad in stand waarvan de verzorging en de administratie een enorme prestatie betekenden. Het leger was het machtigste ter wereld, de architectuur was zo volmaakt dat enkele Romeinse gebouwen na tweeduizend jaar nog steeds worden gebruikt, en de literatuur en de filosofie, de schilderkunst en andere kunsten behoren tot de verbazingwekkendste prestaties in de geschiedenis van de mensheid. Alleen al de uitgebalanceerde werkwijze van een Romeins warmwaterbad, met zijn heteluchtleidingen en bekkens met verschillende temperaturen, is een wonder van techniek.

Tegelijkertijd kende die wereld amper arbeidsbesparende machines, hoewel de kennis van natuurkundige principes en ook het technische kunnen kennelijk voorhanden waren, zoals archeologische vondsten aantonen. De reden daarvoor is eenvoudig: de Romeinen hadden slaven. Menselijke arbeid was goedkoop en ruimschoots aanwezig, er was geen noodzaak arbeid uit te besteden aan machines, temeer niet omdat die machines door een andere energiebron dan de menselijke spierkracht moesten worden aangedreven.

Pas toen menselijke arbeid duurder werd, werden machines een serieus alternatief. Sommige historici beweren dat de pestepidemie die rond 1350 een derde van de Europese bevolking het leven kostte, in elk geval in het westen van Europa het moment was waarop gespecialiseerde arbeid kostbaarder werd, omdat er minder arbeiders waren, en die hadden dus een sterkere onderhandelingspositie. Overigens had de pest in Rusland, waar ze ook had gewoed, het tegenovergestelde effect op de boerenbevolking, die zo verzwakt werd dat ze haar enige macht, de gewapende opstand, kwijtraakte en nog meer onder de knoet van de machthebbers geraakte.

In zijn grote *Encyclopédie* noemde Denis Diderot de stoommachine in het midden van de achttiende eeuw nog een speelgoedje zonder veel betekenis. Een van de scherpzinnigste en technologisch best onderlegde filosofen van zijn tijd zag de implicaties van dat speelgoed niet. Maar toen dat speelgoed eerst de textielmolens van Noord-Engeland en even later de hele wereld veroverde, veranderde de verhouding tussen mens en arbeid. Steeds meer mensen werkten nu naast en met machines, waren er de baas of de knecht van. De puffende stoomketels maakten enorme productiewinsten mogelijk, maar ze vraten kolen, enorm veel kolen.

Die technologische revolutie bracht de grote steden in beweging, waarin immigranten en oorspronkelijke bewoners, joden en christenen, katholieken, protestanten en moslims met elkaar handel moesten drijven en samenleven. Nieuwe technologieën en handelsnetwerken maakten grote winsten mogelijk, maar tegen de prijs van wederzijdse tolerantie.

Zo kwamen auteurs die we tegenwoordig als vertegenwoordigers van de verlichting zien, op een krankzinnige gedachte. Tot in de zeventiende eeuw was de menselijke ongelijkheid vanzelfsprekend. Natuurlijk was een boer minder waard dan een edelman, een christen meer dan een heiden, een man meer dan een vrouw. Maar rond het midden van de eeuw verschenen er werken die dat wereldbeeld op zijn kop zetten: Baruch de Spinoza (een koopman), René Descartes (een artillerieofficier), John Locke (een bestuursambtenaar), Pierre Bayle en Thomas Hobbes (beiden leraren) en andere, vaak bijna vergeten auteurs uit de opkomende middenklasse waren van mening dat alle mensen hetzelfde recht op leven, vrijheid en geluk hadden, ongeacht hun stand, religie, ras en geslacht.

Voor de meeste bewoners van de westerse wereld is die gedachte tegenwoordig zo vanzelfsprekend dat die nauwelijks benadrukt hoeft te worden, maar in feite neemt zij een stevige en belangrijke plaats in de geschiedenis in. De idee dat ieder mens waarde heeft, is weliswaar zo oud als de filosofie zelf, maar in de loop van de geschiedenis werd ze ook door christelijke machthebbers, wier religie juist de solidariteit met de geringsten vereist, geheel vanzelfsprekend genegeerd.

Pas met de Franse revolutie en de socialistische bewegingen in de negentiende eeuw kwamen mensenrechten in het centrum van de politieke discussie te staan, en de rechten van de nog steeds wreed uitgebuite en gewelddadig onderdrukte armen in Europa, evenals die van de slaven en de koloniale volken op andere continenten kregen steeds meer erkenning gedurende een traumatische en vaak bloederige strijd die decennialang duurde.

Een van de resultaten was dat arbeid duurder werd. Tot in de late negentiende eeuw moesten veel fabrieksarbeiders – mannen, vrouwen en kinderen – in de regel veertien uur per dag, zes dagen in de week, zwoegen en ploeteren zonder enige bescherming, en met hun loon kwamen ze net niet om van de honger (tegenwoordig is dat nog steeds zo in landen als Myanmar, die onze goedkope confectiekleren produceren). Met de zwaar bevochten invoering van geregelde, kortere werktijden, collectief overeengekomen lonen en later zelfs betaalde vakantiedagen en sociale voorzieningen als een ongevallenverzekering en pensioen moesten fabriekseigenaren flink meer betalen voor menselijke arbeid. Het was niet meer de goedkoopste productiemogelijkheid.

De oplossing van dat probleem lag in de mechanisering van veel arbeidsprocessen die door machines konden worden uitgevoerd. Om die machines aan te drijven werd niet meer, zoals vroeger, gebruikgemaakt van waterkracht en wind (zoals bij de molens, die al eeuwenlang bestonden), maar van kolen en later aardolie.

Zo kreeg een hele beschaving een enorme toevoer aan energie – fossiele energie. Wat de wielen, zuigers en cilinders aandreef, was de opgeslagen zonne-energie van miljoenen jaren, die nu weer in de atmosfeer werd gepompt. Dat gebeurde heel snel. Het begon zo'n tweehonderd jaar geleden, maar werd door de economische groei van na de oorlog nog eens extra versneld. Het resultaat wordt in bijgaande grafiek duidelijk, waarin het kooldioxidegehalte van de lucht in de laatste 400.000 jaar is afgebeeld. Helemaal rechts is onze tijd.

Het is hier niet de plek om het mechanisme van de klimaatverandering uiteen te zetten of nog weer eens de vervelende vraag op te werpen of menselijke activiteit daar werkelijk toe heeft bijgedragen, hoewel de wetenschappers het er in overweldigende mate over eens zijn dat de menselijke activiteit daarin op zijn minst een belangrijke rol heeft gespeeld. Wat er ook gebeurd moge zijn, het is miljoenen jaren geleden dat de atmosfeer van deze planeet eenzelfde ho-

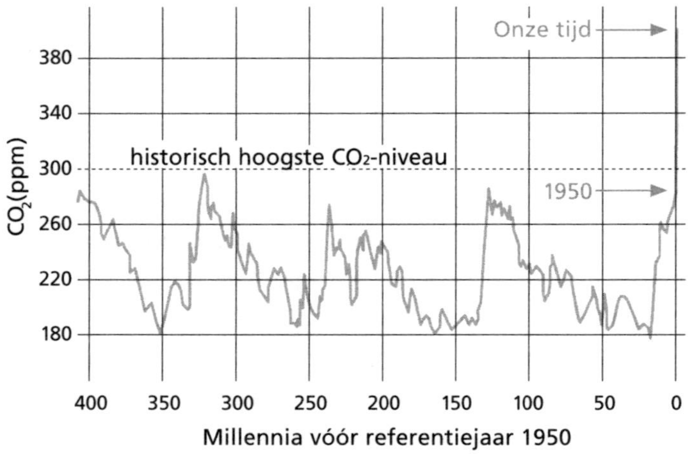

Bron: NASA

ge CO_2-concentratie heeft gehad als nu. Daar komt het effect van andere zogenaamde broeikasgassen bij, waaronder methaan, dat niet alleen vrijkomt door het smelten van het poolijs, maar vooral door de rundveefokkerij ten behoeve van de industriële vleesproductie. Methaan is een veel sterker broeikasgas dan kooldioxide.

Verwachtingen gaan zelden in vervulling, maar worden vaak overtroffen

Ook de te verwachten gevolgen van die opwarming zijn goed onderzocht. Twee derde van het aardoppervlak wordt door water bedekt, en de oceanen bevatten meer dan 95 procent van al het water op aarde. Door de opwarming breidt het water in de oceanen zich uit, wat leidt tot een verhoging van de waterspiegel en een bedreiging voor de kuststreken. Tegelijkertijd verdampt er meer water, wat tot extreme weersverschijnselen leidt, zoals orkanen, en tot een verandering van weerpatronen. De smeltende poolkappen zorgen voor grote hoeveelheden zoet water in de oceanen, wat wederom een aanzienlijk effect kan hebben op de Golfstroom, waarvan vooral het klimaat in Europa afhankelijk is. Als de Golfstroom verzwakt, kan dat op het noordelijk halfrond zelfs leiden tot een sterke afkoeling, een nieuwe kleine ijstijd.

Natuurlijk berusten al die voorspellingen op modellen die afhankelijk zijn van oneindig veel complexe factoren. Het is dus waarschijnlijk dat ze deels onjuist zijn. Maar dat is geen reden voor opluchting: de poolkappen smelten op het ogenblik veel sneller dan klimaatwetenschappers voorspeld hadden. Ook andere indicatoren tonen een veel sterkere toename van de temperatuur, de opwarming op grote oceanische diepte en het zuurgehalte van de oceanen dan tot nu toe werd aangenomen. Binnen de wetenschappelijke gemeenschap is een belangrijke vraag of en wanneer systematische maxima worden bereikt die een eigen klimaatdynamiek in de richting van nog hogere temperaturen op gang brengen, een dynamiek die door menselijk ingrijpen niet meer in de hand te houden is.

Op het land zijn de effecten even drastisch. Langdurig veranderde weersystemen verschuiven de klimaatzones van de planeet. Een groot deel van de organismen (met enkele uitzonderingen, zoals ratten, keldermotten, raven en mensen) is fijngevoelig ingesteld op specifieke klimatologische omstandigheden om voedsel te vinden en zich voort te planten. Nu al zien biologen verschillende soorten wegtrekken van de evenaar naar streken waar ze eerder niet zouden hebben kunnen overleven. Tegelijkertijd is het waarschijnlijk dat die verandering sneller zal plaatsvinden dan het evolutionaire aanpassingsvermogen toestaat. Het gevolg is dat soorten uitsterven, iets wat in deze rampzalige omvang niet meer is voorgekomen sinds het uitsterven van de dinosauriërs.

Als de omgeving verandert, moeten organismen zich aanpassen of wegtrekken om niet uit te sterven. Mensen vormen op die regel even weinig een uitzondering als zangvogels of de regenwormen die ze eten. Als vlakten die als landbouwgrond worden gebruikt, vooral in Afrikaanse landen ten zuiden van de Sahara, waar de economie nog steeds grotendeels wordt bepaald door zelfvoorzieningslandbouw, maar ook in het Nabije en het Midden-Oosten, in Zuid-Amerika en in Azië niet langer vruchtbaar zijn en er weinig regen valt, zullen miljoenen mensen gedwongen zijn hun toekomst elders te zoeken – met grote waarschijnlijkheid in de metropolen die er nu al zijn en die gigantische agglomeraties zonder infrastructuur of een effectief bestuur zullen worden.

De stijgende zeespiegel zal tegelijkertijd de bewoners van laaggelegen kuststreken als Bangladesh of ook Florida dwingen landinwaarts te vluchten. Voor de burgers van de Malediven en van eilanden in de Stille Zuidzee, zoals Tuvalu, is de situatie nog ernstiger: hun vaderland zal in de komende decennia onder de golven van de oceaan verdwijnen. Stateloze vluchtelingen wier vaderland letterlijk is ondergegaan, zijn ook juridisch een heel nieuw probleem.

Behalve de directe effecten van de opwarming van de aarde zijn er ook indirecte gevolgen, die voor menselijke samenlevingen waarschijnlijk nog ernstiger zullen zijn. Toegang tot water en vruchtbare landbouwgrond kan vooral rond de evenaar een belangrijke oorzaak van oorlogen worden. Tegelijkertijd zullen bevolkingsmigraties en uit al hun voegen barstende megametropolen niet alleen een ideale broedplaats voor pandemieën zijn, maar ook voor revolutie en terrorisme. De daardoor ontstane politieke instabiliteit zal op haar beurt handelsroutes, machtsverhoudingen en internationale bondgenootschappen destabiliseren of vernietigen.

De bewoners van de rijke geïndustrialiseerde landen op het noordelijk halfrond zullen de wreedheid van de klimaatverandering minder direct voelen dan hun armere zuiderburen. De primaire effecten zijn er eerder gradueel: het is zeker geen verstandig idee om de komende jaren in Florida een huis te bouwen met uitzicht op zee (banken in Miami weigeren al hypotheken op dat soort grondstukken te verstrekken), en overal zien wijnboeren nu al met grote bezorgdheid dat gevoelige wijnstoksoorten amper stand kunnen houden tegen de stijgende temperaturen, zodat de Europese en de Noord-Amerikaanse wijnbouw veel verder naar het noorden zou kunnen opschuiven.

Die gevolgen zijn overkomelijk als je ze vergelijkt met andere gebieden: in het Nabije en het Midden-Oosten, op de uitgestrekte vlakten van China en misschien ook in het zuiden van de Verenigde Staten zal er binnen drie of vier decennia meer onvruchtbaar geworden landbouwgrond komen, woestijnen breiden zich uit, bossen worden steppen. De gletsjers trekken zich nu terug (dat is gunstig voor de productie van exclusief mineraalwater), het poolijs smelt in een rap tempo.

De combinatie van intensieve vestiging en intensieve landbouw belast dit proces nog eens extra, niet alleen in de landen rond de evenaar. Acuut watergebrek en een historische droogte in Californië, Texas en Arizona hebben er bijvoorbeeld toe geleid dat het waterpeil in de tien jaar geleden nog machtige Coloradorivier nu soms wel twintig meter gedaald is, terwijl 70 procent van het rivierwater voor dertig miljoen mensen en vooral voor de bewatering van avocado's, pistachebomen, amandelplantages en andere dorstige en winstgevende producten wordt gebruikt.

Vergeleken met andere regio's zijn die effecten bescheiden. Maar ook de samenlevingen op het noordelijk halfrond zullen in een geglobaliseerde wereld niet verschoond blijven van de chaos die veroorzaakt wordt door de klimaatverandering in andere regio's. Miljoenen migrerende mensen, verstoorde handelsroutes, onzekere energievoorziening en steeds vaker voorkomende natuurrampen zullen ook hier een enorme druk op de bestaande structuren gaan uitoefenen.

Het ijzeren tijdperk

Welke structuren het onder die druk zullen begeven, is moeilijk te voorspellen, en het is ook zinloos daarover te speculeren. Maar het is mogelijk je er met behulp van de geschiedenis een beeld van te vormen hoe diep de gevolgen van een klimaatverandering voor een samenleving kunnen zijn als je naar de kleine ijstijd in de zeventiende eeuw kijkt, een mondiaal fenomeen dat voor Europa heel goed onderzocht is.

De afkoeling met ongeveer twee graden Celsius die in het midden van de zestiende eeuw begon (de oorzaken ervan zijn wetenschappelijk nog steeds niet opgehelderd), vond wat Europa betreft plaats op een in wezen laatmiddeleeuws, feodaal continent. De renaissance, de zogenaamde ontdekking van de Nieuwe Wereld en in geringere mate zelfs de reformatie hadden tot op dat moment hoofdzakelijk invloed gehad op een stedelijke elite, terwijl het grootste deel van de bevolking een leven leidde dat al eeuwenlang weinig veranderd was.

Meer dan 90 procent van de Europeanen leefde van de

graanbouw en van plaatselijk geteeld koren. De afkoeling veroorzaakte stormen, hagelbuien, regenperiodes, lange winters en koele zomers. Eén graad Celsius gemiddeld per jaar komt overeen met tien dagen vegetatie. In koude jaren kregen de planten nauwelijks tijd om te rijpen, en het continent hongerde. In eerste instantie reageerden de mensen erop met bidprocessies en erediensten. Na slechte oogsten werd er jacht gemaakt op heksen, die er bijna altijd van werden beschuldigd het weer betoverd te hebben om de oogst te bederven. In steden kwam het steeds weer tot broodopstanden, want meel werd elk jaar duurder en zorgde voor een hardnekkige inflatie. Hongersnoden, misoogsten, epidemieën en opstanden bepaalden het leven van talloze mensen.

Ook voor de politieke machtsverhoudingen was die klimaatverandering een ramp. De adel financierde via belastingen op de landbouw niet alleen zijn eigen levensonderhoud, maar ook de oorlogen die voortdurend werden gevoerd, en de opbrengsten ervan werden binnen een decennium speelbal van het grillige weer. Opstanden en migratie uit zwaar getroffen gebieden naar de steden dreven de situatie op de spits. Een waarnemer uit die dagen noemde zijn tijd het 'ijzeren tijdperk'.

De kleine ijstijd werpt licht op de samenhang van klimaatverandering en culturele evolutie. Tegen het einde van de koude periode, rond 1680, waren laatmiddeleeuwse standenmaatschappijen veranderd in vroegmoderne, kapitalistische, rond markten georganiseerde samenlevingen, die met elkaar handeldreven en doelbewust probeerden de eigen economie te stimuleren door concurrentie. Vooral de handelssteden speelden daarbij een sleutelrol. Amsterdam, in de vroege zestiende eeuw nog een onbeduidend stadje aan de kust zonder economische of culturele betekenis, had zijn pijlsnelle vooruitgang te danken aan de handel in graan uit het Balticum, dat tijdens de kleine ijstijd tot in Noord-Italië werd verkocht om mislukte oogsten te compenseren.

Maar de Nederlanders stelden zich er niet tevreden mee het centrum van de Europese graanhandel te worden. Ze stonden, althans in de steden, open voor dieper ingrijpende veranderingen. In 1602 werd de eerste beurs opgericht om grote handelsmissies te financieren. De in datzelfde jaar opgerichte Verenigde Oostindische Compagnie (VOC) organiseerde en controleerde de overzeese handel en werd de verlengde arm van 's lands koloniale ambities, die meedogenloos en gewelddadig in praktijk werden gebracht.

Maar de handelsmagnaten, die politiek vaak de hoogste posities bekleedden, begrepen ook dat je met een volk van boeren geen imperium kunt besturen. Er werden scholen opgericht, Amsterdam werd het centrum van de boekdrukkunst, en de al in 1575 opgerichte universiteit van Leiden was met Montpellier de enige onderwijsinstelling in Europa waar je kon studeren zonder een eed op een bepaald geloof af te leggen. Zo werden de stedelijke centra van het land een trekpleister voor emigranten uit heel Europa, die in het tolerante klimaat van de Verenigde Provinciën konden leven en werken, en tegelijkertijd het intellectuele en culturele leven met hun ideeën en controverses verrijkten.

De carrière van de schilder Rembrandt is een voorbeeld van wat daardoor mogelijk werd. Hoewel hij de zoon van een molenaar was en een generatie eerder waarschijnlijk zelf molenaar was geworden, werd hij naar een Latijnse school gestuurd en bij een schilder in dienst gedaan om voor een stedelijke, burgerlijke clientèle te werken. Zo werd een land van boeren en haringvissers binnen enkele decennia een van de machtigste zee- en handelsmachten ter wereld.

Het tegenvoorbeeld van het Nederlandse succes is Spanje, het rijk waar de zon nooit onderging, het machtigste en welvarendste land van Europa. Overtuigd van de eigen grootheid en van de waarheid van het eigen geloof was de heersende klasse tegen elke liberalisering, elke verandering. Zilver en andere edelmetalen uit de mijnen van Peru en andere koloniën kwamen met reusachtige scheepsladingen aan en maakten het koningshuis en de hoge adel rijker dan ooit. Fanatiek gefixeerd op het katholieke geloof zetten de Spaanse koningen niet alleen de joden uit, maar ook de morisco's (Moren), die nauw betrokken waren bij de handel rond de Middellandse Zee en over een internationaal netwerk beschikten, ze verhinderden de oprichting van universiteiten en scholen, bemoeilijkten het drukken van boeken en boycotten alle pogingen de toch al zwakke burgerij aan het politieke proces te laten deelnemen.

Dat starre vasthouden aan bestaande structuren betekende ook dat het land zich op geen enkele manier kon aanpassen aan een veranderend klimaat (in dit geval in de vorm van droogte in het binnenland) en aan de zich ontwikkelende internationale economische situatie. Zo leidde de aanhoudende stroom edelmetalen uiteindelijk tot een gierende inflatie en ruïneerde de binnenlandse manufactuurbedrijven in wollen stoffen en andere exportproducten. Binnen een eeuw beleefde het land viermaal een bankroet en kwam het in een neerwaartse spiraal terecht die het pas in de late twintigste eeuw kon doorbreken. Maar zijn vroegere grootheid kreeg het nooit meer terug. Zo gezien lijkt Don Quichot het gepersonifieerde symbool van een samenleving die nog in een droom uit het verleden gevangen zit.

De kleine ijstijd laat duidelijk zien welke landen leerden met de crisis om te gaan en welke niet. Hij heeft een erfenis nagelaten die zich nog steeds bijna onverminderd doet gelden. In de concurrentie van landen die elkaar naar het leven stonden, ontwikkelden de economische adviseurs van de vorsten van Groot-Brittannië en Frankrijk een nieuwe economische doctrine, het mercantilisme, dat beoogde zo veel mogelijk en winstgevend te exporteren en zo min mogelijk te importeren, zodat producten het land uit en geld het land in stroomde. De theoretici propageerden nadrukkelijk het idee de hulpbronnen van het eigen rijk (inclusief de overzeese gebieden en inclusief de slaven, koloniale volken en de eigen arme arbeiders) zo goedkoop en efficiënt mogelijk het werk te laten doen, de economische activiteit te verhogen en de oorlogskas te spekken. Het was de eerste formulering van een principe dat nog steeds in praktijk wordt gebracht: economische groei, gebaseerd op uitbuiting.

Hoewel een historische analyse van de kleine ijstijd maar weinig uitsluitsel kan geven over de concrete gang van zaken in de komende dertig jaar, is het toch belangrijk twee dingen te onthouden. In de eerste plaats heeft grote rijkdom het machtigste land van Europa niet kunnen behoeden voor de neergang, integendeel. De eigen welvaart heeft de Spaanse elite verblind en heeft elke poging om de samenleving en de economie drastisch te veranderen onmogelijk gemaakt, met uiteindelijk tragische gevolgen. In de tweede plaats was de economische groei die op uitbuiting berustte het succesvolle recept van de zeventiende eeuw en stond die aan het begin van de met kolen aangewakkerde industrialisering en de ongewenste bijeffecten ervan. De nog steeds zichtbare gevolgen, vooral de opwarming van de aarde en de daardoor ontstane klimaatverandering, betekenen dat dit model zijn grenzen heeft bereikt. Het is wel gedaan met de uitbuitbaarheid van de planeet, willen er ook in de toekomst nog mensen op kunnen leven.

De historische crisis in de zeventiende eeuw mag dan enig uitsluitsel geven, maar er is een fundamenteel verschil met de huidige situatie. De mensen uit die dagen begrepen niet dat ze een mondiale klimaatverandering doormaakten. De meesten van hen (met uitzondering van enkele handelaren en geleerden als sir Francis Bacon) zagen lange en bijzonder koude winters en misoogsten aan voor een reeks ongelukkige, maar afzonderlijke gebeurtenissen, die eerder wezen op een theologisch dan een natuurkundig verband.

De mensen in onze tijd zijn de eerste generatie in de geschiedenis die er met behulp van wetenschappelijke projecties en mondiale analyses een duidelijk voorstelling van hebben dat deze crisis niet alleen mondiale gevolgen heeft, maar ook wat de consequenties van hun handelen zullen zijn. Natuurlijk kunnen die consequenties alleen maar uitgedrukt worden in modellen, en er bestaan aanzienlijke verschillen tussen de diverse prognoses, maar zelfs de meest optimistische voorspellingen tonen een beeld waarvan de effecten op de mensen en andere organismen zeer ernstig tot levensbedreigend zijn.

De grote verschuiving

De klimaatverandering is als het ware een kracht die van buitenaf inwerkt op de natuurlijke wereld, een sluipend proces dat alleen door de steeds grotere toename van spectaculaire rampen als stormvloeden, orkanen, droogte of zondvloedachtige regenval de aandacht van de media trekt. Het langzaam verdwijnen van een bepaalde kikkersoort, het geleidelijk oprukken van de woestijn of de stijging van de zeespiegel met millimeters levert gewoon minder goede beelden op dan verwoeste huizen, wanhopige mensen, gigantische modderstromen of bosbranden. Maar juist die minder spectaculaire en langzame ontwikkelingen kunnen op de lange termijn veel doorslaggevender zijn dan verwoestingen her en der. Het afsterven van plankton door wisselende zeetemperaturen en te zure oceanen heeft bijvoorbeeld invloed op de hele voedselketen en daarmee op het overleven van talrijke maritieme soorten en miljoenen mensen.

Die miljoenen mensen richten onze aandacht op een ander aspect dat die ontwikkelingen zal versterken en versnellen. De explosieve bevolkingsgroei, vooral in arme landen in Afrika ten zuiden van de Sahara, in het Midden-Oosten en in Zuidoost-Azië zal in combinatie met de verwoesting of verdringing van leefgebieden, drinkwater, landbouwgrond en andere voedselbronnen leiden tot conflicten, hongersnoden en massale migratie.

Het is niet altijd eenvoudig zulke verbanden overtuigend aan te tonen. Zo werd een in 2015 gepubliceerde studie vaak bekritiseerd, omdat ze de oorlog in Syrië in verband bracht met de klimaatverandering. Colin Kelley en zijn coauteurs argumenteren daarin heel terughoudend. Van 2006 tot 2011 heerste er een historische droogte in Syrië en de omliggende landen, de ergste in negenhonderd jaar. In het sterk door de landbouw beheerste noordoosten van het land viel ruim 60 procent minder regen, meer dan vier vijfde van het vee kwam om van de honger of moest worden geslacht, het aandeel van de landbouw aan het bruto binnenlands product in Syrië liep met bijna 10 procent terug, en 800.000 mensen verloren hun broodwinning. Veel van die mensen trokken naar de stad, vooral naar Damascus en Aleppo, waar ze in de slums leefden waar in 2011 de onlusten begonnen die ten slotte tot de burgeroorlog leidden.

Het verband tussen een zeldzame droogte en een burgeroorlog, waarbij ook andere factoren in het spel waren, kan niet ondubbelzinnig worden aangetoond. Maar tegelijkertijd hebben de jarenlang aanhoudende honger, waarbij honderdduizenden Syrische plattelandsbewoners moesten leven van brood en gesuikerde thee, zonder enige twijfel geleid tot een migratiegolf naar de grote steden, zonder dat daar banen voor die migranten waren. Die migratiegolf en de groeiende wanhoop van de noodlijdende bevolking zorgden voor een kruitvat waarbij een kleine vonk voldoende was om een heel land te vernietigen. Militaire planologen, die zich in hun strategische scenario's geen ideologische oogkleppen kunnen veroorloven, hebben overigens al lang plannen uitgewerkt voor conflicten die door klimaatverandering worden veroorzaakt. Zo'n document uit het jaar 2015, gepubliceerd door het Amerikaanse ministerie van Defensie, formuleert kort en kernachtig:

> Het ministerie van Defensie erkent de realiteit van de klimaatverandering en het aanzienlijke risico dat die op mondiale schaal voor de belangen van de USA inhoudt. De nationale veiligheidsstrategie [...] maakt duidelijk dat klimaatverandering een dringende en groeiende bedreiging van onze nationale veiligheid betekent en bijdraagt aan de toename van natuurrampen, vluchtelingenstromen en conflicten om hulpbronnen als voedsel en water.

De gevolgen zijn er al, en er wordt verwacht dat omvang, verspreiding en intensiteit van die gevolgen in de loop van de tijd zullen toenemen.

Ook in Syrië heeft de sterke bevolkingsgroei (van 6,5 miljoen inwoners in 1970 tot bijna 23 miljoen in 2013) een wezenlijk aandeel gehad in de geweldsuitbarsting. Bevolkingsgroei, klimaatverandering en georganiseerd geweld zullen in de toekomst steeds vaker optreden als nauw met elkaar verweven problemen.

Apocalyptische scenario's voorzien een nabije toekomst met een rampzalige terugloop van de bevolking door oorlogen, pandemieën door resistente antibiotica, besmettelijke ziekten en honger in de dichtstbevolkte gebieden, die vaak ook tot de armste van de wereld behoren. Betrouwbaardere prognoses geven aan dat de bevolkingsgroei niet lineair verloopt en dat de geboortecijfers over het hoogtepunt heen zijn. Terwijl de bevolking op onze planeet de komende decennia verder zal groeien, zo argumenteren zij, zal het maximum rond 2050 worden bereikt, waarna het aantal mensen in de meeste gebieden zal teruglopen.

Only time will tell.

Deus ex machina

De reeks warme winters heeft in Europa ook gevolgen voor de alpiene wintersport en de skigebieden, die niet meer elk jaar, niet eens meer de meeste jaren, op voldoende sneeuw kunnen rekenen. Intussen dekken veel plaatsen zich in met behulp van sneeuwkanonnen, die vanuit het dal geheel automatisch door computers worden aangestuurd en op nauwkeurig berekende tijden de perfecte hoeveelheid sneeuw verspreiden, zonder dat een mens daar meer voor hoeft te doen dan daartoe een opdracht in te voeren. In de nabije toekomst is het heel wel denkbaar dat een nieuwe generatie skiënde robots de pistes bevolkt en met perfect berekende bochten de kunstsneeuwhellingen afdaalt. Dan is het echt gedaan met het werk van de mens.

Onheilsprofeten hebben altijd al beweerd dat elke technologische vernieuwing de mens kon vervangen. De jaren 1920 kenden al veel apocalyptische fantasieën. Het woord 'robot' is een verzonnen woord uit een toneelstuk van Karel Čapek waarin het einde van de mensen beschreven wordt: ze worden door hun mechanische dienaren om het leven gebracht. De angst van de mens voor zijn eigen overbodigheid bestaat al zolang er vooruitgang is, maar tot nu toe is er nog altijd voldoende werk geweest. Tot nu toe.

Het verschil zit hem tegenwoordig niet alleen in het tempo, maar ook in de soort ontwikkeling die de kunstmatige intelligentie doorloopt en die kwalitatief nieuwe mogelijkheden opent.

De computer die werd gebruikt bij de Amerikaanse maanlanding in 1969, de Apollo Guidance Computer (AGC), was de trots van de computerafdeling van het gerenommeerde Massachusetts Institute of Technology (MIT) en had een capaciteit van 64 KB. Bovendien gebruikte de NASA voor die missie computers van IBM: elk ervan kostte 3,5 miljoen dollar en was even groot als een auto.

Een moderne smartphone, bijvoorbeeld de iPhone 6, is 32.600 maal sneller en zou alleen op grond van zijn rekencapaciteit 120 miljoen Apollo-maanraketten tegelijkertijd kunnen aansturen. Ook de legendarische Deep Blue, de supercomputer die in 1997 wereldkampioen schaken Garri Kasparov versloeg, was langzamer en minder krachtig dan een gemiddelde smartphone van nu. Daarbij moet opgemerkt worden dat het geheugen en de rekencapaciteit van de apparaten exponentieel gestegen zijn, terwijl dat niet het geval is met het geheugen en de rekencapaciteit van de mensen die ze bedienen. De evolutie van intelligente apparaten heeft de uitvinders ervan al lang ingehaald.

Die machinale ontwikkeling vindt intussen steeds meer zonder menselijk ingrijpen plaats. Delen van grote bedrijfssystemen worden al door computerprogramma's intern gecodeerd – daar komt geen mensenhand meer aan te pas, en geen mens begrijpt de constructie ervan. Meer nog: een toenemend aantal computerprogramma's is in staat te leren en kan in een willekeurige situatie, een willekeurig bestand, zelf adequate oplossingen formuleren. Dat is het begin van een revolutie. Deep Blue kon schaken, maar zou bij elk ander spel hebben gefaald, een eenvoudige rekensom had hij niet kunnen oplossen. Het was een schaakcomputer met één enkele toepassing. De opvolgers ervan passen hun capaciteiten aan een gegeven situatie aan, ze herkennen patronen, beheersen complexe psychische en taalkundige interacties en leren niet alleen daarvan, maar ook van de ervaringen van andere computers via de wereldwijde netwerken, en ze voeren op hun beurt de eigen ervaringen in de databank in.

De volgende aanval van een machine op de hegemonie van de menselijke intelligentie vond veelzeggend genoeg plaats in een gameshow en was al van een heel andere kwaliteit. De Watson-computer van IBM speelde de populaire quiz *Jeopardy!* tegen twee menselijke meesters. Het bijzondere aan dat spel is dat de gestelde vragen niet alleen kennis op diverse gebieden vooronderstellen – dat is niet meer dan een kwestie van geheugencapaciteit – maar dat ze in natuurlijke, gesproken taal gesteld worden en vaak woord- of zinspelingen bevatten. Watson moest dus niet alleen luisteren, gesproken taal begrijpen en antwoorden vinden, hij moest ook mensen en hun dubbelzinnigheden snappen en alledaags taalgebruik beheersen. Watson won overtuigend. Hij versloeg de heersende kampioen, die nog nooit een spel verloren had, niet alleen moeiteloos, hij won ook driemaal zoveel prijzengeld als zijn menselijke concurrent.

Of het nu quizshows of computerspelletjes zijn, complexe beeldherkenning of de wetten van de fysica, enkele computersystemen zijn al in staat een nieuwe reeks data te analyseren zonder enige nadere instructie of classificatie, alsmede zelf oplossingsmethodes te ontwikkelen en conclusies te formuleren. Watson won *Jeopardy!*, andere systemen waren bij laboratoriumproeven bijvoorbeeld in staat een proefopstelling van met elkaar verbonden slingers die zich schijnbaar chaotisch ten opzichte van elkaar bewogen, te analyseren en daaruit zonder enige voorkennis de relevante natuurkundige wetten te extrapoleren.

Om het slingersysteem te bestuderen kon de computer

de slingers stilzetten en op willekeurige punten weer starten. Hij begon de bewegingen stelselmatig te onderzoeken en tegelijk toevallig gegenereerde delen van mathematische formules samen te brengen en uit te proberen op de verkregen bewegingsdata. Natuurlijk zijn de meeste van de op die manier ontstane formules zinloos, maar bij een hoge processnelheid vond het programma binnen enkele dagen aangepaste formules die het patroon achter de schijnbare chaos blootlegden. Zonder dat de programmeurs de computer in die richting hadden geïnstrueerd, formuleerde hij als resultaat van zijn berekeningen de natuurwetten van Newton die betrekking hebben op zwaartekracht, traagheid en hoeveelheid van beweging.

This time is different

Wat met deze voorbeelden lichtelijk triviaal mag klinken, zal menselijke samenlevingen van binnenuit totaal veranderen. Bij elke technologische vernieuwing hoorden weliswaar ook altijd mensen die voorspelden dat er een eind zou komen aan de menselijke arbeid, maar dat is in werkelijkheid nooit gebeurd. Daarom denken veel waarnemers dat ook bij deze technologische revolutie meer (en betere) banen geschapen dan vernietigd worden. Ze zien een toekomst vol creatief, interactief en interessant werk, terwijl de monotone en gevaarlijke bezigheden worden verricht door robots. Ze vergissen zich enorm.

De Luddites in het Engeland van de vroege negentiende eeuw, die mechanische weefgetouwen verwoestten om hun werk als wever te kunnen behouden, zijn het schoolvoorbeeld van kortzichtige vijanden van de technologie geworden, terwijl de technologische vooruitgang sindsdien steeds meer en steeds betere banen heeft gecreëerd. Er is telkens weer gezegd dat het ditmaal anders is, maar het is nooit anders geweest.

Maar ditmaal wordt inderdaad alles anders. Een mechanische weefstoel bedreigde het werk van de wevers – en van niemand anders. Een weefstoel kon evenmin porselein maken of kranten drukken als Deep Blue halma kon spelen. Maar in het tweede decennium van de eenentwintigste eeuw hebben computers geleerd te leren, te begrijpen, te spreken, te herkennen en hun vaardigheden aan te passen aan de situatie. In elk geval theoretisch worden hun toepassingsmogelijkheden daarmee eindeloos.

Technologische vooruitgang vervangt menselijke arbeid door machinale arbeid. Tot nu toe heeft die ontwikkeling altijd nieuwe arbeidsplaatsen gecreëerd. De plattelandsbevolking die naar de stad moest migreren, vond werk in fabrieken, en toen mechanische weefstoelen en vervolgens lopende banden hun taak overnamen, vonden ze in een gediversifieerde wereld nieuwe en andere bezigheden, die meestal beter en minder gevaarlijk waren. Zwaar werk, gevaarlijke opdrachten en monotone arbeid konden aan machines worden overgedragen, terwijl de mensen zelf gebruik gingen maken van hun vaardigheid snel patronen te herkennen en systematisch te begrijpen, en steeds meer in administratieve banen en de dienstverlening gingen werken. Oude, slechte banen werden door nieuwe, betere banen vervangen.

Maar in de nieuwe industriële revolutie maken robots, programma's en algoritmen niet alleen ons werk betrouwbaarder en sneller – ze voeren ook steeds meer taken zelfstandig uit. Spraakherkenningsprogramma's leren van het accent en het vocabulaire van hun gebruikers, zelfrijdende auto's en vrachtwagens zullen weldra menselijke chauffeurs vervangen en hun routes in een mum van tijd optimaliseren, wegen kunnen zonder arbeiders hersteld worden, medicijnen voor patiënten in grote ziekenhuizen worden in de Verenigde Staten nu al hoofdzakelijk door geautomatiseerde systemen samengesteld, zoals spoedig waarschijnlijk ook de bestellingen bij Amazon per drone worden verstuurd, zodat er tussen de klik van de consument en de leverantie geen menselijke hand meer aan te pas komt. Fabrieken die vroeger 20.000 arbeiders in dienst hadden, hebben nu 1500 man personeel. In de fabriekshallen maakt een ballet van robotarmen auto's, wasmachines en smartphones, betrouwbaarder dan welke mens ook, volgens nauwkeurig genormeerde standaarden, zonder ziek te worden, verveeld of oververmoeid te zijn, zonder stakingen en zonder pensioeneisen.

Maar de nieuwe ontwikkelingen van het gedigitaliseerde leren en de flexibele toepassingen ervan hebben al lang niet meer alleen betrekking op bezigheden die weinig opleiding vergen. 'De beste oncoloog is in principe degene die het meest gelezen heeft,' zei onlangs het hoofd van de afdeling oncologie in het Allgemeines Krankenhaus in Wenen tegen mij, 'maar de mens kan gewoon niet op tegen een systeem dat alle publicaties en studies, alle nieuwe medicijnen en procedures, diagnoses, scans, bloedwaarden en succesvolle behandelingen meteen kan toepassen.' Andere medisch specialisten van wie hij vreest dat ze in de nabije toekomst zullen verdwijnen, zijn radiologen en apothekers. Maar ook de chirurgie beleeft een revolutie. Chirurgische robotarmen worden nu nog bestuurd via een beeldscherm in een belendend vertrek, maar het volgende, veel autonomere model, de volgende generatie medische robots, is al in ontwikkeling.

In feite is geen enkel beroep gevrijwaard van die ontwikkeling. Juridisch advies wordt al enige tijd door algoritmen opgesteld, ze schrijven artikelen, doen belastingaangiftes en maken muziekstukken, achtervolgen misdadigers, stellen diagnoses, vergelijken verzekeringspolissen, doen investeringen, boeken vluchten, verplegen zieken en ouden van dagen, amuseren kinderen en houden ze in de gaten. De enige activiteiten die immuun of in elk geval iets resistenter tegen de digitalisering zijn, zijn de bezigheden die helemaal onder aan de inkomensladder te goedkoop zijn om winstgevend gedigitaliseerd te worden, omdat er altijd genoeg arbeidskrachten zijn die het werk tegen zeer geringe betaling kunnen verrichten, én de bezigheden waarbij de klant een menselijk gezicht wil zien: kelners bijvoorbeeld, of actrices.

Maar zal die digitale revolutie net als eerdere industriële revoluties niet ook talloze nieuwe banen creëren? Vast en zeker, en er zullen zelfs nieuwe soorten banen bij komen: programmeurs en security-experts, reparatiespecialisten, ingenieurs, designers, klantenadviseurs en reclamedeskundigen. Maar tegelijkertijd zijn er voor het intellectuele werk van de technologische avant-garde relatief weinig goedopgeleide menselijke breinen nodig, en in principe is elke digitaliseringsactiviteit steeds een stap voorwaarts. Flexibele en veelzijdige computers en robots die natuurlijke talen herkennen en met mensen of andere apparaten zijn verbonden en interactief kunnen zijn, kunnen elk soort werk op zich nemen, tot en met prostitutie en oorlogvoering.

Na de outsourcing of de neergang van de fabrieken deed een groot deel van de arbeiders kantoorwerk of stapte over naar de dienstverlening of de administratie, naar het management. Geen van die activiteiten is tegenwoordig nog denkbaar zonder contact met gecomputeriseerde processen. Elke van die activiteiten levert werk voor minder mensen dan nog maar tien jaar geleden, bijna allemaal zouden ze binnen een of twee decennia gedigitaliseerd kunnen zijn en niet langer mensen nodig hebben. Een veelbesproken studie van de universiteit van Oxford kwam in 2013 na een complexe statistische analyse van gegevens over de Amerikaanse arbeidsmarkt en technologische mogelijkheden tot een ontnuchterende conclusie: 'Volgens onze evaluatie behoort 47 procent van alle arbeidsplaatsen in de Verenigde Staten tot de categorie met een hoog risico, wat betekent dat de arbeidsprocessen potentieel te automatiseren zijn binnen een nog niet te overziene termijn, misschien een of twee decennia.'

Een of twee decennia – dat is de tijdshorizon van de digitalisering. Bij de smartphone (die processnelheden en functies waarvan nog maar enkele jaren geleden alleen regeringen, ruimtevaartprogramma's en het leger gebruik konden maken, naar de broekzak van gewone burgers heeft gebracht) is de snelheid van de vooruitgang veel groter dan het voorstellingsvermogen van de mensen wier leven erdoor wordt bepaald en die vaak nog steeds denken dat de soep niet zo heet wordt gegeten als ze wordt opgediend – ook als die soep waarvan ze juist op dat moment genieten al langer kant-en-klaar uit een fabriek wordt aangeleverd en in veel restaurants alleen nog maar wordt opgewarmd en gegarneerd. De hand die in de keuken het plukje peterselie op het stukje filet legt, is de eerste menselijke interventie in de geautomatiseerde productieketen.

De studie uit Oxford mag alarmerend klinken, maar de conclusies ervan zijn veel conservatiever dan die van andere auteurs. Het is, zoals de Amerikaanse econoom en voormalige minister van Arbeid Robert B. Reich opmerkt, weliswaar mogelijk industriële banen naar de Verenigde Staten terug te halen, maar ze worden aan machines gegeven, niet aan mensen. Daar schieten Amerikaanse werknemers niets mee op – en het zal ook zwaarwegende gevolgen hebben voor de florerende economieën in Zuidoost-Azië, want ook in Frankrijk of in Tennessee werkt een robot goedkoper en betrouwbaarder dan een kind in Birma of een arbeidster in Maleisië.

Het tweede machinetijdperk

In de westerse geïndustrialiseerde landen is die ontwikkeling al een tijd zichtbaar, zoals de technologiespecialisten Erik Brynjolfsson en Andrew McAfee in hun boek *The Second Machine Age* aantonen. Er is vooral één fenomeen dat de auteurs, die in de voorhoede van de digitale ontwikkeling werken – beiden zijn directeur van het Initiative on the Digital Economy aan het gerenommeerde MIT – bijzonder veelzeggend lijkt. Ze noemen het *the great decoupling* – de grote ontkoppeling. Sinds het eind van de jaren negentig lopen economisch succes en productiviteit enerzijds en het aantal werknemers en hun inkomen anderzijds voor het eerst in de geschiedenis van de industriële revolutie uiteen. Terwijl de productiviteit almaar groeit, vermindert het aantal werknemers steeds meer, en ook de inkomens van het personeel in het midden van de inkomensschaal brokkelen steeds meer af.

Volgens Brynjolfsson en McAfee is die situatie nog dramatischer als we vergelijken welk aandeel de inkomens van arbeiders en employés enerzijds en de door ondernemingen gemaakte winsten anderzijds aan het bruto nationaal product (bnp) bijdragen. Vanaf de oorlog tot vroeg in de jaren 2000 liepen die beide indicatoren parallel. Als de industrie meer verdiende, kregen ook de arbeiders meer, in tijden van crisis daalde het inkomen van beide. Maar daarna begonnen ze zich dramatisch van elkaar te verwijderen. Nu ligt er bijna 15 procent verschil tussen, en de tendens zet door. Tegelijkertijd stijgt het aantal werklozen, vooral bij jonge, niet goed geschoolde mensen die nieuw op de arbeidsmarkt komen (of daar juist helemaal niet op komen).

Ook de samenstelling van de werknemers verandert – minder arbeiders in de industrie, meer personeel in representatieve routinebanen, de banen dus die als eerste gedigitaliseerd kunnen worden en die ook zo al een onzekere toekomst hebben. De beide auteurs, wie niet verweten kan worden dat ze er socialistische sympathieën op na houden, spreken van een *winner-take-all economy*, een economie waarin een kleine minderheid welvaart en macht verzamelt, terwijl de rest van de maatschappij moet vechten om te overleven.

Voor de productiviteit van een samenleving wordt menselijke arbeid duidelijk minder belangrijk. Het eerste machinetijdperk automatiseerde volgens Brynjolfsson en McAfee een groot deel van de spierarbeid, waardoor enorm veel mensen konden doorstromen naar banen waarin cognitieve vaardigheden van belang waren. Het tweede machinetijdperk, dat begon met internet en de snelle verbetering van de digitale capaciteit, automatiseert niet alleen dat werk; het lerend vermogen van de nieuwe systemen betekent dat ze in elke sector bruikbaar zijn.

Steeds minder mensen die op handmatige of monotone arbeid zijn aangewezen om in hun levensonderhoud te voorzien, vinden voldoende werk, en voor dat werk worden ze steeds slechter betaald. Steeds meer gaan de winsten van de technologische revolutie naar de eigenaren van de technologie en niet naar de samenleving, ook omdat een belangrijk kenmerk van deze revolutie is dat de productiviteit ervan gerealiseerd kan worden met een minimum aan menselijke arbeid.

Vóór het tijdperk van de digitale fotografie – dus meer

dan twintig jaar geleden – was Kodak marktleider. Het was een concern dat filmrolletjes produceerde en foto's ontwikkelde en dat, in 1988, 145.000 werknemers in dienst had. Digitale foto's vernietigden de zakelijke basis van het bedrijf, dat te lang aan de analoge fotografie vasthield en zich te laat heroriënteerde. In 2004 was het personeel van Kodak gekrompen tot 15.000. De concurrentie was niet alleen overweldigend, ze was ook opvallend anders gestructureerd. Toen Facebook in 2012 de start-up Instagram kocht, dat wereldwijd een plaats veroverd had als foto-app voor smartphones, betaalde het een miljard dollar voor de dienst, waar dagelijks miljoenen mensen gebruik van maken. Op dat moment werkten er bij Instagram dertig mensen.

Robert B. Reich schetst de sociale consequenties van die technologische ontwikkeling. De realiteit van de technologische verdringing (*technological displacement*) betekent dat steeds meer mensen slechtere en slechter betaalde banen moeten aannemen, waar ze zich niet meer zelf van kunnen losmaken. In zijn boek *Kapitaal in de 21ste eeuw* toont Thomas Piketty dat aan met behulp van een historische analyse. Het inkomen uit arbeid daalt verder, het inkomen uit kapitaal stijgt.

Wat dit betekent, is niet minder dan het einde van de grote naoorlogse belofte in de liberale landen: wie hard werkt en goed opgeleid is, kan een leven opbouwen, sociaal opklimmen en deelnemen aan de economische groei. Die band tussen arbeid en sociale vooruitgang is verbroken en daarmee ook een andere centrale belofte, namelijk dat het de kinderen ooit beter zal gaan dan hun ouders. Misschien waren dat ook al onrealistische verwachtingen, omdat ze in principe oneindige economische groei vooronderstellen, maar ze hadden het voordeel helder en duidelijk te zijn, en in wezen rechtvaardig. Wie hard werkt, wordt goed beloond en mag de vruchten van zijn arbeid plukken.

De grote ontkoppeling van winst en inkomen en de neergang van de menselijke arbeid markeren het moment waarop de digitalisering diep begon in te grijpen in sociale structuren en democratische verwachtingen. Helaas zijn geïndustrialiseerde (of postindustriële) samenlevingen er slecht in om technologische veranderingen om te zetten in bewust gestuurde sociale en politieke veranderingen.

Als de arbeid verdort

De neergang van de socialistische en sociaaldemocratische partijen in Europa in de laatste tien jaar is een voorbeeld van die vertraagde of verschoven verandering. Linkse partijen steunden op de vakbewegingen en daarmee op georganiseerde werknemers, van wie velen in de zware industrie of in de mijnbouw werkten. Met het sluiten van de mijnen en de outsourcing van de industrieproductie naar goedkopere oorden verdwenen die banen, maar niet de mensen die ze hadden. Met de arbeidsplaatsen ging een hele cultuur verloren. Als je arbeider was, had je niet alleen een bron van inkomsten, maar was je ook ongelooflijk trots op je eigen identiteit, je had een zwaar bevochten zekerheid voor de toekomst, een eigen wereldje, een cultuur met een eigen stempel, eigen structuren, een eigen vrijetijdscultuur (van voetbalclub tot blaaskapel) – en een stem die tot in het parlement werd gehoord.

Met de ineenstorting van de industriële arbeid verdwenen ook dynamiek en invloed van die arbeiderscultuur. Wat overbleef, was een verbrokkelde onderlaag zonder sociale zekerheid, zonder trots op de eigen baan, zonder stem en zonder onderhandelingspositie, zonder een plaats aan de tafel van de politieke besluitvorming. Geïsoleerd van de maatschappelijke discussie kwamen veel vroegere arbeiders ondanks omscholing en nieuwe banen tot de conclusie dat dit niet meer hun samenleving was, dat de machtigen in de samenleving zich niet meer om hun belangen bekommerden.

Het verbaast dan ook niet dat de opkomst van die sociaaleconomische groep bij verkiezingen sneller daalde dan bij andere groepen, en het is begrijpelijk dat sociaaldemocratische en socialistische partijen daaruit het markteconomisch verstandige besluit namen om nieuwe kiezers te zoeken: hoger opgeleide mensen in de steden. Het enorm gestegen opleidingsniveau van de leden van de Britse Labour Party of de SPD in Duitsland is een weerspiegeling van die verandering. Tegelijkertijd begonnen socialistische partijen ook enthousiast de toentertijd moderne neoliberale economische ideeën in hun programma's op te nemen.

In de nieuwe economieën van rond de millenniumwisseling speelden linkse partijen niet meer de rol die ze een eeuw lang hadden gespeeld. Hun vroegere kiezers voelden zich terecht bedrogen en in de steek gelaten. Maar die ontwikkeling werd teweeggebracht door een geglobaliseerde economie en een technologische verandering die maatschappelijk niet voldoende konden worden geabsorbeerd.

Sommige landen, zoals Duitsland en Zweden, slaagden er verbazingwekkend goed in de voormalige arbeiders een opleiding in nieuwe technologieën te bieden en ze zo binnen de arbeidsmarkt te houden; andere landen, vooral Groot-Brittannië en de Verenigde Staten, lieten grote delen van de werkende bevolking met al hun problemen in de steek, wat niet alleen tot verwoeste levens en wanhoop leidde, maar ook tot de economische woestenij en de dramatische sociale neergang van hele streken, vooral in Noord-

Engeland en Wales, en in de Amerikaanse *Rust Belt*. Steden als Detroit zijn die schok nooit te boven gekomen.

Didier Eribon geeft in zijn autobiografie *Retour à Reims* op indrukwekkende wijze een beeld van de vervreemding en de vernedering van een arbeidersgezin. Hij beschrijft hoe een jongen van zeer bescheiden komaf, die in de Franse provincie als kind van communistische arbeiders is opgegroeid, naar Parijs vertrekt en jaren later na een universitaire carrière naar de plaats van zijn jeugd terugkeert. Hij is intussen een openlijk homoseksuele academicus en auteur van diverse boeken, een identiteit waarmee zijn familie grote problemen heeft. Ze stemmen intussen op het Front National en haten de 'elites' in de metropool. Slechts weinigen van hen hebben werk.

Édouard Louis, één generatie jonger, beschrijft in zijn autobiografische roman *Weg met Eddy Bellegueule* (2014) een nog beklemmender situatie. Ook voor hem betekent zijn homoseksualiteit de breuklijn tussen zichzelf en een omgeving waarin de eigen vernedering en wanhoop alleen door machismo en haat gecompenseerd worden. 'In het dorp in het gedeïndustrialiseerde Picardië [...] voerden werkloosheid, ellende, alcohol, geweld en een meedogenloze mannelijkheid de boventoon,' vat de auteur die situatie in een interview samen. De hoofdpersoon van de roman, die de naam van de auteur draagt, breekt ten slotte met die wereld van voortdurend verbaal en fysiek geweld en neemt voor zijn nieuwe leven als schrijver in de grote stad een andere naam aan.

De Amerikaanse schrijver J.D. Vance schetst in zijn memoires *Hillbilly Blues – een memoir over een familie en een cultuur in crisis* een verbazingwekkend identiek beeld van zijn eigen familie in Ohio, die zoals hij zelf zegt tot de *white trash* behoort en waarvan de leden geen vast werk of persoonlijke ambities hebben en al tientallen jaren een leven leiden dat getekend is door huiselijk geweld, drugsproblemen, alcohol en op de klippen lopende relaties. Maar Vance, nu een conservatieve jurist, rekent af met de blanke arbeidersklasse waaruit hij afkomstig is. Anders dan de twee liberale Fransen maakt hij de armen medeverantwoordelijk voor hun gebrek aan discipline, hun drugsproblemen, hun afhankelijkheid van de staat, hun oppervlakkigheid, hun gewelddadigheid en hun haat jegens buitenstaanders.

Aangekondigde ineenstorting

De strijd om de eigen verantwoordelijkheid van de armen en onwetenden is oud. Voor Immanuel Kant, de oude piëtist, was de onmondigheid van de mens 'eigen schuld', en voor Amerikaanse conservatieven is ze dat nog steeds. Juist die controle over het eigen lot en het vermogen beslissingen te nemen worden paradoxaal genoeg door de technologische vooruitgang steeds meer beperkt. Een sociale fictie ondermijnt zichzelf.

Vlucht 447, waarbij op 1 juni 2009 een vliegtuig op weg van Brazilië naar Frankrijk met 228 passagiers aan boord in de Atlantische Oceaan stortte, maakt de gevolgen duidelijk. Zoals uit het onderzoek naar de oorzaak van het ongeluk bleek, waren de snelheidsmeters van de machine ongeveer één minuut geblokkeerd door ijskristallen, wat voor inconsistente meetresultaten zorgde, een alarm in de cockpit af deed gaan en de automatische piloot automatisch uitschakelde. De piloten zouden het vliegtuig gewoon met de hand hebben kunnen blijven besturen, maar konden de situatie totaal niet aan en reageerden verkeerd, met fatale gevolgen.

Het officiële onderzoek naar het ongeluk kwam tot de

conclusie dat een belangrijke factor in de aaneenschakeling van rampzalige omstandigheden het feit was dat de piloten van de tijdens de vlucht geheel door de boordcomputer bestuurde machine gewoon niet de ervaring hadden met de situatie om te gaan. Ze hadden genoeg vlieguren en voldoende training gehad, maar de alledaagse uitoefening van hun beroep bestond uit weinig meer dan opstijgen, landen, zitten en kijken. De technologie kon het al zonder mensen stellen, en de piloten waren juist door hun vele vlieguren paradoxaal genoeg niet in staat de juiste maatregelen te nemen, waardoor de machine neerstortte.

Deskilling, het verlies van competenties en vaardigheden, is een belangrijk aspect in de omgang met technologie. Wie moet er nog spellingregels beheersen als de computer een tekst automatisch corrigeert? Waar heb je een rijbewijs voor nodig als je in een zelfrijdende auto stapt, waarom een vreemde taal beheersen als je via Skype ook nu al direct met mensen kunt praten die een andere taal spreken?

Hoe meer de technologie dingen van de mensen uit handen neemt, des te minder ze kunnen en des te afhankelijker en minder zelfstandig ze worden – terwijl bijvoorbeeld het leren van een vreemde taal niet alleen een alledaags gesprek met een vreemde mogelijk maakt, maar ook een nieuwe intellectuele en emotionele horizon opent. In een andere taal kun je andere dingen tot uitdrukking brengen, een ander mens zijn, en die verwezenlijking, die ervaring van vrijheid, wordt een bestanddeel van de eigen persoonlijkheid, die door geen enkele technologie kan worden vervangen.

Consumptiegoederen zijn toegesneden op een gemiddelde kundigheid en houden rekening met de luiheid van de verbruikers. Ze moeten eenvoudig te bedienen zijn en slechts een beperkt aantal opties hebben, ze mogen niet te veel van iemand vergen. Ze moeten het leven vereenvoudigen, het makkelijker maken, hun bezitters beslissingen uit handen nemen. Zo wordt de persoonlijke ervaring teruggebracht tot het navigeren tussen menuopties en buttons, een serie gestandaardiseerde handelingen om tot een vooraf bepaalde inhoud te komen. Terwijl de droomwereld van de *digital natives* een creatieve explosie belooft, hebben hun producten de sterke neiging gebruikers te infantiliseren.

In zijn meesterlijke boek *De ambachtsman* beschrijft de socioloog Richard Sennett de gevolgen die de uitholling van persoonlijke vaardigheden kan hebben en pleit hij voor een opleving van het handwerk, niet als folkloristische traditie, maar als houding tegenover de eigen omgeving, die digitaal en analoog moet worden vormgegeven. Zo wordt handwerk een tegenontwerp van de infantilisering van de consument. Handwerk is voor Sennett een proces van uitbreiding en verdieping van vaardigheden die uit een traditie stammen en in een nieuwe samenhang nieuwe resultaten opleveren, een praktijk die niet alleen het voordeel heeft, zoals Sennett zegt, nieuwe oplossingen te creëren, maar ook nieuwe problemen, waarbij het vinden van een oplossing individuele en gemeenschappelijke leerprocessen stimuleert.

Door de eigen vooruitgang ingehaald

Dat visioen van het ambachtelijk denken als het letterlijk aanpakken van problemen wordt meestal verdrongen door de enorme snelheid van de technologische verandering. De economisch-historicus Karl Polanyi was van mening dat het ook de taak van een regering is veranderingen te vertragen totdat ze sociaal acceptabel zijn geworden. Maar wat te doen als een geglobaliseerde markt en een exponentieel zich versnellende technologische ontwikkeling steeds meer spoed achter die veranderingen zetten? Nieuwe technologieën creëren immense mogelijkheden, waarvan het sociale effect evenwel in zijn tegendeel verkeert indien de welvaart die ze genereren ten goede komt aan een steeds kleinere groep binnen de samenleving, terwijl het grootste deel van de mensen in de wedijver met algoritmen en robots niet alleen economisch achterblijft, maar ook intellectueel en vakmatig wordt beknot.

Een groot probleem is dat de digitalisering (net als de klimaatverandering) zo snel gaat dat samenlevingen er niet zinvol op kunnen reageren. De neergang van de linkse partijen is een indicatie voor de moeilijkheid van samenlevingen hun eigen structuur en misschien ook hun ideeën aan te passen aan een nieuwe, technologische realiteit. Een oorzaak daarvoor is ook dat ideeën en sociale instellingen niet even eenvoudig als software te vervangen of te updaten zijn. Ideeën leven en sterven met de generaties waarin ze geboren zijn. Als de technologische verandering sneller gaat dan de wisseling van generaties, ontstaat er onvermijdelijk frictie.

Die ontwikkeling volgt een strikt economische logica. De industriearbeiders van de twintigste eeuw hadden een stem in de politieke besluitvorming, omdat de beroemde regels uit de arbeidersbeweging inderdaad juist waren: 'Heel het raderwerk staat stil / als uw machtige arm het wil.' Geen enkele fabriek kon zonder arbeiders iets produceren, geen mijn kolen delven, geen werf schepen bouwen. Door de voortschrijdende digitalisering veranderde die logica. De nieuwe industriebaronnen hoeven zich niet meer te bekommeren om de belangen van de armen – tenzij dat nieuwe proletariaat een revolutie ontketent.

Ook politiek is die herstructurering van de arbeid, van mensen naar machines, van groot belang. Als de mensen in wier handen de productiviteit ligt een politieke stem hebben, worden de mensen die de machines bezitten of ze controleren het luidst gehoord. Een minieme bovenlaag van technologiebaronnen zou dan nog meer invloed hebben op de politieke besluitvorming dan industrieën en lobbyisten nu al hebben, en bij een toenemende monopolisering zou dit betekenen dat een handvol oligarchen het lot van hele naties niet vanuit de coulissen bestiert, zoals nu nog, maar als een onaantastbare macht, die steunt op big data, totale controle, onbeperkte financiën en alwetende algoritmen.

In een samenleving waarin de menselijke arbeid obsoleet is, zijn ook de mensen obsoleet. Hun welzijn, hun productiviteit en hun belangen zijn onbelangrijk geworden voor de mensen die de productiemiddelen in handen hebben, of hoogstens in zoverre dat ook de producten van geautomatiseerde productieketens nog steeds consumenten behoeven. Een hoogstwaarschijnlijk apocrief verhaal maakt dat duidelijk. Bij een rondgang door de hallen van een autofabriek van Ford, uitgerust met de eerste generatie robots, wees Henry Ford II op de mechanische arbeiders en vroeg voor de grap aan vakbondsman Walter Reuther: 'Vertel eens, Walter, hoe krijg je die zo ver dat ze lid worden van jouw vakbond?' Reuther antwoordde met een tegenvraag: 'En hoe krijg jij die zo ver dat ze auto's kopen?'

Het feit dat er nog steeds consumenten nodig zijn, heeft zelfs van rechts-liberale economen als Friedrich August von Hayek en Milton Friedman aanhangers van een onvoorwaardelijk basisinkomen gemaakt. De daaraan ten grondslag liggende idee is simpel: als een economie geen menselijke arbeid meer nodig heeft, maar haar productiviteit daardoor niet daalt, moeten de winsten uit die productiviteit worden herverdeeld, zodat er geconsumeerd kan blijven worden, anders zou het hele systeem instorten. Dit is wellicht het enige punt waarop klassieke economen het eens zijn met links gerichte activisten, zij het dan ook om andere redenen. Voor die activisten is het een kwestie van sociale rechtvaardigheid om mensen niet achter te stellen doordat ze economisch nutteloos geworden zijn, zoals miljoenen werklozen nu al.

Economisch gezien is het simpel een kwestie van definiëren of er alleen op menselijke productieve arbeid of op alle productieve arbeid belasting moet worden geheven. Maar voor de samenleving waaruit het werk als kostwinning verdwijnt, zou het een gigantisch verschil kunnen betekenen. Zoals Brynjolfsson en McAfee benadrukken, zal het probleem van een ontwikkelde samenleving niet het beheersen van de tekorten zijn, maar het verdelen van de rijkdom. Waarschijnlijk zal er zonder herverdeling een onontwikkelde, arme, misschien zelfs hongerige, maar zeker verbitterde onderklasse ontstaan, met als gevolg onlusten, toenemende onzekerheid, exploderende criminaliteit en überhaupt sociale omstandigheden zoals ze nu alleen bekend zijn van samenlevingen waarop de overheid weinig greep heeft en die de facto worden geregeerd door drugshandelaren of andere criminelen.

Een vaak aangevoerd argument tegen een onvoorwaardelijk basisinkomen is moreel getint of, om nauwkeuriger te zijn, protestants gekleurd. Wie niet werkt, zal ook niet eten, luidt dat argument; in een fatsoenlijke samenleving is niets gratis, ook al is de staat uit barmhartigheid bereid de allerarmsten te steunen, wat vaak gepaard gaat met vernederende rituelen en ondervragingen bij de diverse overheidsdiensten. Maar wat blijft van dat argument over als een groot deel van de burgers van een land gewoon niet meer nodig is voor de economische productiviteit? Wat stelt dan het recht op menselijke waardigheid nog voor, laat staan dat op de *pursuit of happiness*?

Misschien nog zwaarwegender is een andere vraag. Wie zijn wij als we niet meer werken? Ons gevoel van waardigheid, onze identiteit, ontlenen we aan onze arbeid als kostwinning. We zijn bouwvakkers en belastingconsulenten, ziekenverzorgers, academici en mecaniciens. Wat zijn we als we geen primair beroep meer hebben? Hoe functioneert een samenleving waarin werk vrijwillig en vaak onbetaald is – en kan ze dan eigenlijk wel functioneren? We zullen later op deze vragen terugkomen en proberen ze te beantwoorden.

—

Vooruitgang is niet doelgericht – hij gaat gewoon niet altijd opwaarts; het is veel waarschijnlijker dat onze eigen technologische vooruitgang ons als een tovenaarsleerling onherroepelijk inhaalt en ons in de berm van de geschiedenis laat liggen. Als de machines ooit bewustzijn krijgen, zullen ze amper geïnteresseerd zijn in ons. Hun toekomst ligt elders, en hun evolutionaire, nog biologische voorstadium zal hoogstens een stoorfactor en een concurrent van hun verdere ontwikkeling zijn. Ze zullen daarmee een menselijke traditie voortzetten, namelijk de eliminatie van een oorspronkelijke bevolking door een cognitief en technologisch verder ontwikkelde bevolking – een traditie die reikt van de verdwijning van de neanderthaler tot aan de massamoord op de inheemse volkeren van Noord- en Zuid-Amerika door koloniale heersers, kolonisten en industriebonzen.

Waarom zouden de machines meer empathie opbrengen dan onze voorvaderen? Waarom zou het gistingsprincipe van het collectieve gedrag niet ook overdraagbaar zijn op hen? Of zullen zij misschien zakelijk en rationeel genoeg zijn om hun eigenbelang op de langere termijn tot hun voornaamste uitgangspunt te maken en om die reden de basis voor hun bestaan te handhaven, ook als hun eisen heel anders zullen zijn? En hoe zullen die eisen eruitzien?

Er bestaan fascinerende, zij het nauwelijks geruststellende scenario's voor de toekomst van de menselijke bewoners op een planeet die door machines wordt beheerst. Misschien zien machines helemaal geen meerwaarde in natuurlijke diversiteit, tropische regenwouden en schone oceanen. Misschien kan hun het gezang van walvissen en de onontdekte soorten boomkikkers niets schelen: ze zijn geen onderdeel van de parameters in hun algoritmen. Zal een van die machines, een van de neuronale netwerken die de planeet dan omspannen, ooit zoiets als een zin voor geschiedenis ontwikkelen, een nieuwsgierigheid naar de eigen afkomst en de prijs van het eigen bestaan?

De hervertelde mens

Onze enorm productieve economie verlangt dat wij van de consumptie de inhoud van ons leven maken, dat wij de koop en het gebruik van goederen in een ritueel veranderen, dat we onze spirituele bevrediging, de bevrediging van ons ik, zoeken in de consumptie. We moeten ervoor zorgen dat steeds meer dingen worden geconsumeerd, verbruikt, afgedragen, vervangen en weggegooid.

VICTOR LEBOW, *Journal of Retailing*, 1955

De degradatie en verandering van onze natuurlijke omgeving en van de menselijke arbeid leveren de transformatieve energie die bepalend is voor de komende decennia. Maar terwijl de klimaatverandering een realiteit is die in het beste geval ingedamd kan worden, houdt de digitalisering ook enorme kansen in voor de ontwikkeling van nieuwe vormen van economisch handelen en samenleven. Vraag is alleen of de rijke samenlevingen, die de meeste invloed en de grootste mogelijkheden tot handelen hebben, van plan en in staat zijn die ook te benutten. Voordat we ons bezig kunnen gaan houden met de directe toekomst, moeten we daarom eerst nog in ogenschouw nemen wat in dit verhaal de beslissende rol speelt, namelijk de belangrijkste acteur in dit drama, wijzelf.

Mensen zijn primaten die verhalen over zichzelf vertellen. In die simpele zin ligt het hele geheim van de cultuur die homo sapiens gedurende vele millennia heeft ontwikkeld. Verhalen zijn contrafactische ontwerpen van de wereld: ze creëren uit het toeval, de ongerechtigheden en de contingentie van de wereld een hogere zin, een oriëntatie en een waardecanon. Ze creëren een zelfbeeld en een houding die in handelingen worden omgezet.

Een voorbeeld. Drie jaar geleden, op de honderdste jaardag van het uitbreken van de Eerste Wereldoorlog, stond ik voor een gymnasiumklas in Duitsland om met jongeren over die jaardag te praten. De crisis op de Krim had juist haar dieptepunt bereikt en ik stelde de zestienjarige leerlingen een eenvoudige vraag: 'Als Duitsland vanwege de invasie van de Krim de oorlog aan Rusland verklaart, wie van jullie zou zich dan vrijwillig voor het leger aanmelden?'

Geen enkele vinger ging omhoog. Maar nog opmerkelijker was de gezichtsuitdrukking van de scholieren die me aanstaarden alsof ik zojuist vanaf een andere planeet gebeamd was. Misschien was ik dat ook wel. De planeet waarvan ik afkomstig was, was het Duitse keizerrijk – in hetzelfde stadje waren in juli 1914 zeer waarschijnlijk alle handen van hun overgrootvaders omhooggeschoten.

De reactie van de jongeren op mijn vraag heeft zeker veel te maken met de opvoeding in het naoorlogse Duitsland waarin de nadruk op vrede ligt, maar het werd duidelijk dat ze zichzelf de vraag niet alleen nooit gesteld hadden, maar dat ze die ook volkomen absurd vonden. Uit het daaropvolgende gesprek bleek dat ze niet vanuit een pacifistische overtuiging geredeneerd hadden – de vraag was gewoon nooit in hen opgekomen. Waarom zouden ze hun leven op het spel zetten voor een vreemde plek, voor een politiek die hen niet eens interesseerde?

Het contrast tussen de jubelende rekruten die zich om een veel minder belangrijke reden (de moord op een verre Habsburgse aartshertog door een nog verdere fanatiekeling aan de verste rand van Europa) in 1914 bij het leger voegden, en de schoolklas uit 2014 kon niet groter zijn. Het gaat hierbij niet om de vraag of oorlog slecht is of niet, of jonge mannen bereid zouden moeten zijn te sterven en te doden voor chauvinistische ideeën, maar om de omstandigheid dat het zelfbeeld van een samenleving zo overduidelijk en radicaal veranderd is. Wat honderd jaar eerder een vanzelfsprekendheid was geweest, werd door de achterkleinkinderen van de vroegere vrijwilligers gezien als een dwaas idee, en dat niet als gevolg van een individueel denkproces, maar door de verandering van het opinieklimaat.

Mensen zijn de producten van de verhalen die ze over zichzelf vertellen, die hun gemeenschap over zichzelf vertelt. Feiten spelen daarbij hoogstens een ondergeschikte rol; meestal worden ze genegeerd of naar behoefte bruikbaar gemaakt, vervormd, opnieuw geïnterpreteerd, geloochend of verzonnen. Honderd jaar geleden waren het verhalen over heldendom en zelfopoffering, nu zijn het andere idealen die in onze verhalen gedramatiseerd worden. Omdat die verhalen uitmonden in handelingen, is het belangrijk het ontstaan en de structuur van die verhalen te begrijpen teneinde de vraag hoe mensen zich in de toekomst zouden kunnen gedragen, iets beter te begrijpen.

Mad men

Welke grote gebeurtenissen liggen er tussen de twee gymnasiumklassen in hetzelfde kleine plaatsje, honderd jaar van elkaar gescheiden en toch vaak leden van dezelfde familie?

Twee wereldoorlogen uiteraard. Maar tegelijkertijd hebben verschillende landen zeer verschillende lessen getrokken uit de oorlog, al naargelang de vraag of ze verval en verwoesting van de eigen beschaving hebben meegemaakt, slachtoffer waren of zich als bevrijders zagen. De Verenigde Staten en Groot-Brittannië hebben West-Europa bevrijd, de Sovjet-Unie bevrijdde de landen in het oosten en haalde ze onder het juk van het kapitalisme vandaan, althans naar het idee van de Sovjets.

Ondanks die zeer verschillende ervaringen delen Duitse teenagers met Amerikaanse, Russische, Iraanse, Algerijnse, Japanse en Chileense leeftijdgenoten veel meer dan hen scheidt. Ze zijn deel van dezelfde mondiale popcultuur, van dezelfde sociale netwerken. Ze dragen dezelfde kleren; hun visuele codes, obsessies en virale video's overschrijden (voor zover de censuur het toelaat) nationale grenzen, ze spelen dezelfde computerspelletjes, lezen mangastrips, zijn fan van dezelfde voetbalclubs, dromen over dezelfde gymschoenen – en net als vroeger ook over de jongen of het meisje van de buren.

Het fascinerende van deze opsomming is dat met uitzondering van de laatstgenoemde activiteit alle andere activiteiten een financiële transactie en een datastroom genereren. De meeste mensen in ontwikkelde landen zijn deel van dat mondiale mechanisme, dat, als was er een tovenaar in het spel, identiteiten in getallen vertaalt – getallen als nummers en als activiteit.

Die innige verstrengeling van identiteit en consumptief handelen is waarlijk nieuw in de geschiedenis van homo sapiens, een uitvinding van de twintigste eeuw en een sociale realiteit van na de oorlog. Juist in het decennium waarin de kooldioxidecurve van het klimaatdiagram de stratosfeer in schiet, is in Amerika en Europa de gedachte gemeengoed geworden dat vrede, vooruitgang en kwartaalcijfers het best gediend zijn als burgers worden aangesproken als consument en met een ongekende volharding tot consument worden opgevoed.

Aan het begin van dat proces (een van de vele) staat een doosje havanasigaren, dat een jong Amerikaans delegatielid van de vredesconferentie van Parijs in 1919 aan zijn oom in Wenen stuurde. Afzender was ene Edward Bernays, expert op het gebied van propaganda. Zijn oom, die hem in ruil daarvoor een van zijn boeken gaf, heette Sigmund Freud.

Na zijn terugkeer in New York verdiepte Bernays zich in de leer van zijn Weense oom, die hij nog nooit had ontmoet. Hij vond daarin het antwoord op de vraag wat een oorlogspropagandist, die oproepen had verspreid om vooral door te vechten, in vredestijd moet doen. Hij vond meteen ook het antwoord op een veel grotere vraag, namelijk wat een nationale industrie die helemaal was gefocust op de productie van oorlogsmateriaal en ongekende hoeveelheden goederen op de markt gooide, kon doen om de gevreesde productieoverschotten, ontslagen en aandelenverliezen te verhinderen. Bernays' antwoord was verbluffend eenvoudig. Als de industrie niet genoeg klanten voor haar producten heeft, moet ze die klanten gewoon creëren.

Hoe creëer je klanten? Je wekt bij normale burgers een begeerte die ze eerder niet hadden. Je zorgt ervoor dat ze doen wat ze moeten doen, en wat ze moeten doen is kopen. Als reclamedeskundige was Bernays zeer getroffen door de ideeën van zijn oom: die postuleerde dat de mens geen rationeel wezen is, maar een draaikolk van destructieve emoties die door een traumatische opvoeding net zo lang onderdrukt, ontkend en gesublimeerd worden tot ze er rationeel en beschaafd uitzien.

Daarin zag de ambitieuze jonge man een aanknopingspunt voor de reclame. In plaats van de publieke opinie te overtuigen van de voordelen en de betrouwbaarheid van wasmachines en mondwater, was het zaak van elk product een begeerlijk object te maken, een uitdrukking van de individuele persoonlijkheid, een toegang tot een elegante en welvarende wereld. Elke aankoop werd een sacrale handeling.

The rest is history. Bernays gebruikte de strategie in talloze campagnes, waarvan vele een schoolvoorbeeld van moderne reclamestrategie werden. In 1929, het jaar van de beurskrach, schilderde hij de prachtige fallische sigaretten af als fakkels van de vrijheid en kreeg zo, in dienst van de American Tobacco Company, jonge, geëmancipeerde vrouwen aan het roken. Hij verkocht bananen en sterren en kleren en de sterren in de kleren van andere klanten, afgebeeld in de tijdschriften van een derde klant.

Om iets te weten te komen over de gevoelens van de potentiële kopers, bediende Bernays zich van een middel uit de therapie en van een therapeutische werkwijze: focusgroepen, waarin de deelnemers moesten verwoorden níét of ze een yoghurt lekker vonden of dat een bepaald soort zeep goed schoonmaakte, maar wat ze met de aanblik, de geuren, het design associeerden, welke emoties ze erbij hadden. Later gebruikte hij als politiek adviseur van diverse presidentskandidaten die methode ook voor de ontwikkeling van politieke boodschappen en de vervolmaking van het imago van een politicus in de publieke opinie. De manipulatieve opzet erachter was geen geheim. Bernays beschreef zijn methode en de consequenties ervan in zijn boek *Propaganda*:

> Bij bijna elke handeling in ons dagelijks leven, of het nu in de politiek of de samenleving, in ons sociaal gedrag of ons morele denken is, worden we gedomineerd door een

relatief klein aantal personen die de mentale processen en de sociale patronen van de massa begrijpen. Zij hebben de touwtjes in handen, zij controleren onze publieke opinie.

Die figuren achter de schermen vormden volgens Bernays een 'geheime regering', wier 'bewuste en intelligente manipulatie van de georganiseerde gewoonten en meningen van de massa' de democratie pas mogelijk maakt. Geen wonder dat samenzweringstheoretici dol zijn op die pr-goeroe en dat ook Joseph Goebbels hem (tot Bernays' ontzetting) bewonderde.

Maar achter de opvallende stelling school een serieuze overtuiging die Bernays met zijn klanten in de industrie deelde. Consensus was het product van een goed geleide democratie, niet iets wat je aan de mensen zelf mocht overlaten. Een samenleving met economische groei biedt banen en zekerheid, en die economische groei wordt door de burgers zelf gestimuleerd, die kopen, kopen en kopen om de fabrieksschoorstenen te laten roken, een eindeloze kringloop die tot steeds hogere niveaus van welvaart en tevredenheid leidt.

Dat was zoals gezegd slechts het begin, maar het was van beslissende betekenis in een veel groter project. Het introduceerde een nieuw mensbeeld in de maatschappij, het beeld van mensen als een massa elkaar tegensprekende, irrationele en destructieve impulsen, die in het beste geval en in het belang van allen via manipulatie te sturen is. Vanuit het perspectief van de leden van die massa schiep Bernays iets anders: niemand vóór hem had van consumptie zo'n sacrale handeling gemaakt, zoals de aan het begin van dit hoofdstuk geciteerde Victor Lebow in 1955 beschreef: we maken 'van de consumptie de inhoud van ons leven', veranderen 'de koop en het gebruik van goederen in een ritueel', en zoeken 'onze spirituele bevrediging, de bevrediging van ons ik in de consumptie'.

De beste aller werelden

Consumptie als levensmodel heeft de beste aller werelden geschapen, aldus de verdedigers ervan. Hoe meer samenlevingen consumeren, hoe innovatiever, hoe welvarender, veiliger en vreedzamer ze zijn. En niet alleen dat: door de massaproductie werd het mogelijk het lot van alle mensen te verbeteren. Nooit hebben er zo weinig mensen als nu honger geleden, nooit hebben méér mensen kunnen lezen en schrijven, nooit is de kindersterfte lager geweest, nooit hebben méér mensen in een democratie of in een stabiel land met democratische kenmerken geleefd. Zonder de conjunctuur van de consumptie en zonder de fossiele brandstoffen die daarvoor zorgden, was niets van dat alles mogelijk geweest.

Dat klopt, zeggen de critici. Maar het is wel onzeker of dat model toekomst heeft, hoe lang het volgehouden kan worden voordat de risico's die het gecreëerd heeft veel te groot worden.

Het is te vroeg om te zeggen welke van de twee partijen de geschiedenis aan haar kant krijgt. Onheilsprofeten zijn een vermoeiend bijverschijnsel van culturele spanningen. Domme optimisten zijn echter nog vermoeiender.

Maar even rustig aan. Voordat we verkeerde tegenstellingen in het leven roepen waarvan de eenvoud verleidelijk is: sinds er steden zijn, zijn er ook consumenten geweest; en sinds er markten zijn, bestaat er het verlangen naar mooie dingen, naar status, comfort en prestige. Niets nieuws onder de zon. Of toch wel: iets nieuws uit oude tijden, energie uit gefossiliseerde organismen, massaproductie. Het is pas de industriële revolutie die de consumptie haar eerste grote *boost* heeft gegeven.

Al onder koningin Victoria ontwikkelde de Britse middenklasse een onverzadigbare honger naar *knickknacks*, snuisterijen, de beroemde halfnaakte porseleinen figuurtjes, hondendekentjes, kwastjes, borduursels, zijdebloemen in Chinese vazen en wat er verder nog in de *drawing rooms* van de middenklasse te vinden was – ook al waren al die kleine wonderen in Londen bij een open raam binnen een dag bedekt met roet, een kleine groet uit de nabije fabriek.

Er bestaat consumptie sinds er markten zijn, en zonder markten geen handel, geen ruil, geen tolerantie, geen democratie. Consumptie is net als het kapitalisme, dat er zijn dynamiek aan ontleent, een fantastisch instrument, maar ze wordt een monster als ze een doel op zich wordt. Het gaat dus niet om een verwijt vanwege consumptie, zoiets is intellectueel altijd deprimerend betuttelend; het gaat erom enig antropologisch licht te werpen op de manier waarop mensen zich aanpassen aan een opinieklimaat, aan een groot verhaal en aan wat de motieven zijn waarnaar ze handelen als ze zichzelf in de eerste plaats als consumenten zien.

Dat het oorspronkelijk Amerikaanse evangelie van de consumptie ook in Europa en enkele landen van Azië bewondering wekte, is niet in de laatste plaats te verklaren uit de ervaring van de oorlog. Economische samenwerking en het creëren van welvaart waren voor de architecten van de Europese Gemeenschap een politieke prioriteit. Europa had net onvoorstelbare misdaden en miljoenvoudig lijden door messiaanse ideologieën achter de rug, en na de dromen over het einde der tijden leek het moment gekomen nuchter te handelen en zich ook politiek te oriënteren op empirische bewijzen. Cijfers liegen niet. Samenleving is economie plus vrije tijd, maar vooral economie. Het succes van die samenleving wordt afgemeten aan productiecijfers, aan omzet en winst.

Cijfers liegen niet. Een 3 doet niet opschepperig en een 9 is niet schijnheilig. Maar de deskundigen die ze op een bepaalde plaats zetten en er betekenis aan toeschrijven, kunnen wel liegen. Ze kunnen zich ook vergissen. En ze kunnen de cijfers eerlijk maar volgens een absurde ideologie waarin ze echt geloven interpreteren. Ze kunnen bijvoorbeeld denken dat markten, als je ze maar met rust laat, zichzelf reguleren en arbeid en welvaart ideaal en rechtvaardig verdelen, dat iedereen de smid is van zijn eigen geluk, omdat alle mensen over dezelfde informatie beschikken om dezelfde weloverwogen besluiten te nemen.

Tot zover de klassieke leer, die nog steeds op universiteiten wordt gedoceerd. Die neoklassieke of marktfundamentalistische theorie heeft het grote voordeel dat de rationele, goed geïnformeerde en vrije deelnemers aan economische transacties – de mensen – zich onder die omstandigheden in mathematisch ideale zin laten modelleren. Ze heeft het nadeel dat ze pure fictie is en niets te maken heeft met een waarneembare sociale werkelijkheid. Het is zuiver theologie. Ze maakt zelfs gebruik van denkfiguren en concepten uit het christendom.

Een jongere generatie economen heeft deze ideeën, die vanuit Chicago eerst de academische wereld veroverden, al lang verworpen en is overgegaan op complexere modellen die zich meer interesseren voor de sociale eigenaardigheden van individuen en groepen en nadenken over verbanden die ver boven de economische aspecten uitstijgen. Maar het denken van de Chicago-school heeft een hele generatie economen gevormd die de laatste drie decennia werkzaam was op ministeries van Financiën, bij *thinktanks*, bij de Wereldbank, het Internationale Monetaire Fonds (IMF) en andere instellingen. De effecten van dat denken zullen nog lang merkbaar zijn.

Om te begrijpen hoe fictief en absurd de idee is van de rationele deelnemer aan economische transacties die principieel op grond van de beste beschikbare informatie handelt in zijn economisch eigenbelang, hoef je je alleen maar de vraag te stellen hoe kinderen en gezinnen in dat model passen. In rurale samenlevingen vormen kinderen ouderdomsverzekering, arbeidskracht en sociaal kapitaal. Maar in moderne samenlevingen zijn ze voor hun ouders een economische ramp. Ze maken twee individuen minder competitief, armer, minder capabel besluiten te nemen, ze leiden af van hun economische ontwikkeling en belemmeren de wedijver. Maar vreemd genoeg nemen talloze mensen die noodlottige nadelen graag op de koop toe.

Voor zover ik weet, is nooit vastgelegd hoe Edward Bernays over de neoklassieke Chicago-school dacht, maar dat is vrij eenvoudig te reconstrueren, omdat haar mensbeeld diametraal tegenovergesteld aan dat van hem was. De mens als rationeel denkend wezen? De succesvolle reclamedeskundige had heel andere ervaringen opgedaan. Maar hoe verdraagt de irrationele en manipuleerbare massa zich met de rationalistische vrije markt?

Verstandsmens versus kuddedier

Twee onverenigbare mensbeelden spoken door de westerse voorstelling van wat een samenleving is. Die mensbeelden kunnen tot verschillende politieke richtingen en bewegingen leiden, waarover later meer. Van die beide – *homo econo-*

micus en het irrationele kuddedier – is het laatste historisch veel solider.

Het iele silhouet van de rationele mens liep stuk op de euvele weigering van de samenlevingen op deze aarde om na de val van de Muur allemaal samen naar het nieuwe Jeruzalem van de liberale democratie op te trekken en zich bij een vrije wereldmarkt aan te sluiten. Historische vijandschappen, hardnekkige tradities, gewelddadige dictaturen, bloeddorstige ideologieën, fundamentalistische religies en irrationele impulsen, domheid, alternatieve visies en wijs inzicht in plaatselijke eigenaardigheden hebben in de laatste decennia een veelvoud aan modellen en sociale visies gecreëerd, en het is allesbehalve zeker dat liberale democratieën in die wedijver zelfs maar hun eigen voortbestaan veilig kunnen stellen, om maar te zwijgen van hun missionaire ambities.

Homo economicus is bij de geforceerde mars van de geschiedenis ergens langs de kant van de weg achtergelaten. Misschien krabbelt hij weer overeind, maar het is slecht met hem gesteld, zijn pols is zwak. De onverstandige en manipuleerbare consument daarentegen heeft die mars vanuit zijn bioscoopstoel gevolgd. Met hem gaat het uitstekend. Hij, die zo graag klaagt, heeft niets te klagen.

Maar klagen doet hij toch, want zijn leven blijkt niet zo ideaal te zijn als in de reclame wordt voorgesteld. Wat hem ontbreekt, is niet de mogelijkheid te consumeren – maar de mogelijkheid daar zin aan te geven.

Wie tegenwoordig kritiek uitoefent op de consumptiemaatschappij, vergeet gemakkelijk dat ze tussen 1945 en 1989 ook politiek uitstekend leek te functioneren, dat de landen die hun burgers aan een bescheiden welvaart konden helpen, niet alleen een economisch wonder meemaakten, maar ook een nog nooit geziene consensus beleefden. Consumptie leverde in die tijd wat Lebow had geëist: ze werd het vehikel van de spirituele bevrediging.

Voor veel mensen was de consumptie in de naoorlogse tijd inderdaad transformatief. Het leven werd beter, een bescheiden overschot maakte het mogelijk dromen te verwezenlijken die tot dan toe niet te realiseren waren geweest. Voor miljoenen gezinnen waren de eerste auto of de eerste wasmachine, maar zeker de eerste televisie historische momenten in de collectieve geschiedenis, die niet alleen de beginnende welvaart symboliseerden, maar ook subtiel de dagindeling en de gewoonten, gesprekken, gevoelens van vrijheid en interne machtsverhoudingen beïnvloedden en herordenden. Mét de televisie leeft een gezin anders dan zonder.

De consumptie in de jaren van het *Wirtschaftswunder* was juist na de rantsoeneringen in de oorlog inderdaad een ritueel dat andere, oudere rituelen van samenleving en identiteit kon vervangen – juist ook omdat ze in vergelijking met de overduidelijk desastreuze planeconomie van de Sovjet-Unie ook vrijheid leek te symboliseren. Ze ontwikkelde zich tot een *way of life* en door het groeimodel van het kapitalistische Westen, dat om almaar stijgende welvaart en daarom onafgebroken consumptie vroeg, tot een patriottische plicht. Als tegenontwerp van het reëel bestaande socialisme kon de markteconomie met haar tot consumenten omgevormde burgers inderdaad een collectieve zin voortbrengen door, net als wijlen Bernays met sigaretten, de consumptie op te voeren als een daad van vrijheid, van vooruitgang en van zelfverwezenlijking.

Maar de stijgende welvaart kan de zingeving door consumptie ook verzwakken. Het eerste paar Levi's jeans was een transformatief moment voor jonge mensen in het naoorlogse Europa. Nog een jeans met net even andere scheuren erin, voor de lente, heeft niet meer hetzelfde effect. Tegelijkertijd betekent toenemende sociale ongelijkheid dat steeds meer mensen uitgesloten zijn van die commerciële transcendentie, hoewel ze een baan hebben en hard werken om te overleven. De motor van het geluk is gaan haperen, onzekerheid knaagt aan een mensbeeld dat twee generaties lang al zijn beloften gestand leek te doen. We huizen in de vervallen structuren van een naoorlogse droom.

Sinds meer dan één generatie hebben mensen geleerd zichzelf als consumenten te zien. Ze hebben geleerd dat ze maar één plicht hebben: geld verdienen, kredieten verkrijgen, geld uitgeven. Wie daar niet in slaagt, wie die rol niet vervult, valt uit de samenleving weg, ontvangt een aalmoes. Wie die ene plicht daarentegen wel kan vervullen, heeft daarna alleen nog maar rechten. Hoewel de consumptiecultuur niet meer al haar beloften kan inlossen, heeft ze toch een mensbeeld gecreëerd dat ook nog voortleeft wanneer het empirisch fundament ervan verbrokkeld is.

Het is belangrijk te benadrukken dat het niet om een stellingname maar om een analyse gaat. Consumptie is er altijd geweest, maar consumptie als samenlevingsmodel en als levensvisie is een fenomeen van na de oorlog. Het is nieuw in de geschiedenis van onze beschaving, en het heeft nieuwe problemen en kansen in het leven geroepen. Al ons denken over politieke en sociale ontwikkelingen moet ervan uitgaan dat de samenleving in westerse landen over zichzelf een nieuw verhaal is gaan vertellen, dat ze niet dezelfde reflexen en dezelfde houding heeft als nog maar twee generaties geleden.

De consument als bezitter van rechten markeert de overgang van de freudiaanse visie van duistere, vernietigende driften naar de idee van een rationale wereld. Koopkracht koopt ook aanspraken en identiteit. Merken, *brands*, worden een symbool van de soort mens die men zich voelt, zoals men wil worden waargenomen, een symbool voor het aspect van de commerciële transcendentie waar men deel van wil zijn. Het levensgevoel van consumenten komt als *brand identity* tot uitdrukking. (De ironie ervan is dat slechts weinig mensen geïnteresseerd zijn in etymologie en metaforen. Want vee wordt niet gebrandmerkt om individuele identiteit en status uit te drukken, maar om kenbaar te maken wie de eigenaar van het vee is. In het dierenrijk zijn niet veel runderen trots op hun *brand*. Vrij zijn ze, als ze nog niet geschroeid zijn door een gloeiend ijzer.)

Consumenten hebben er recht op bijna elke begeerte te bevredigen die ze kunnen betalen. Als ze hebben afgerekend, zijn zij aan de beurt. Ze hebben recht op punctuele en volledige levering, op vervanging en reparatie. Ze hebben recht op respect, op de vrijheid van beslissen, op bescherming en veiligheid, op een glimlach, goede service, de verwezenlijking van hun persoonlijke voorstelling van geluk. Hun creditcard verschaft hun recht op alles wat in een andere context wordt beschreven als de rechten van de mens. Ze verschaft hun een leven in waarde en vrijheid, hun hoogsteigen *pursuit of happiness*.

Die op kredietwaardigheid berustende parodie op verlichte idealen maakt van individuen klanten en absolute bezitters van rechten op de markt, een markt die zich gevestigd heeft op de plek waar eerder ooit de samenleving was. Die positie van de klant is bevoorrecht, maar ook eenzaam. Misschien heeft hij altijd gelijk, maar hij is alleen. De kilte van het verlichte rationalisme gaat hem in de botten zitten.

Op dat punt komt het religieuze, transformatieve aspect van de consumptie in het spel, zoals dat al door de intellectuele *founding fathers* ervan duidelijk werd gezien. Een samenleving die als markt nieuw wordt ontdekt, mag dan wel minder nationalistisch, minder oorlogszuchtig maar wel pragmatischer zijn dan haar door en door geïdeologiseerde, bloederige voorgangers, ze heeft er wel grote problemen mee een gemeenschappelijke identiteit en een soort bindende transcendentie aan te bieden die elke samenleving nodig heeft om te kunnen overleven. Ze heeft geen god, geen paradijs van arbeiders en boeren, geen nationale trots, geen geschiedenis.

Ze heeft niets van dat alles – maar ze kan vrijelijk uit dat repertoire putten, ze kan de inhoud ervan bewerken tot een verhaal dat de consumenten geeft wat ze als burgers verloren hebben. Centraal daarbij is de tactvolle plundering van de christelijke iconografie, vooral de symboliek van het Avondmaal. Het gaat niet om het verkrijgen van gebruiksvoorwerpen of diensten, maar om transformatie, om deelname aan de genade en om de verwerving van een identiteit.

Net als een relikwie biedt een te koop staand voorwerp de mogelijkheid van een transcendentie, van de toegang tot een betere wereld, de voorspraak voor de hoogste troon in de hemel der slanke, jonge, mooie, coole mensen. Zoals voorzien door Bernays, worden voorwerpen bepaald door de gevoelens en dromen die er via gerichte associaties mee verbonden zijn.

Je kunt je in die dromen inkopen, er deel van worden, deel worden van iets groters, of het nu de legendarische elegantie is van Coco Chanel in een flesje eau de parfum of het proletarische heldendom van een beroemde voetballer, wiens naam en nummer ook de eigen rug sieren, als magische aanroeping, als trots bewijs van de verbondenheid met een stam. Objecten worden de fysieke boden van een hogere werkelijkheid.

De Kerk had die technieken geperfectioneerd lang voordat de pr-specialisten er gebruik van gingen maken: de dramatisering van de transsubstantiatie, waarbij een stukje witbrood verandert in het lichaam van de levende god, de verblindende esthetisering van de angst, het spel met de seksuele spanning (van het al te fraaie lijden van de veelvuldig met pijlen doorboorde heilige Sebastiaan tot en met de genotzuchtige spirituele toewijding van de heilige Catharina), het creëren van een onbereikbare andere wereld, in vergelijking waarmee iedere gelovige altijd ontoereikend en altijd schuldig is en zich steeds grotere inspanningen moet getroosten om aan de eeuwigheid deelachtig te mogen worden. Het psychologische vocabulaire van de vroomheid met haar rituelen en heiligenbeelden, relikwieën, metamorfoses, verheffingen, haar alomtegenwoordige controle over de begeerten en haar voortdurende aanwezigheid in het dagelijks leven hoefde alleen maar overgebracht te worden naar een commerciële context.

Het is fascinerend te zien dat consumptie als levensmodel enerzijds zo radicaal nieuw is en anderzijds gebruikmaakt van de oudste culturele reflex van homo sapiens: het verlangen naar zin en verbondenheid. Het is nieuw en bevrijdend dat die verbondenheid niet meer afhankelijk is van huidskleur, geslacht of seksuele oriëntatie, van familie, religie of afkomst. Wie geld heeft, wie krediet krijgt, is een potentiële deelnemer aan de andere wereld, waarvan de aardse representanten dromen in dingen veranderen. Oeroud en repressief is het feit dat verbondenheid nog steeds uitsluiting betekent en dat de beloften van de consumptiemaatschappij altijd alleen maar hebben gegolden voor mensen die aan de mis wilden en konden deelnemen. Wie geen geld heeft of geen geld wil uitgeven, wie de producten van de droomfabriek te saai vindt, is geen lid van de gemeente en kan nooit een uitverkorene zijn.

De idee van de uitverkiezing is verrassend essentieel. Het is als het ware de protestantse bijdrage aan de hervertelling van de westerse mens, van onderdaan tot burger en tot consument. Max Webers idee van de arbeidsethiek zal ons later nog bezighouden. Maar de idee van de deugdzaamheid in een door consumenten bevolkte markt is afkomstig van een theoloog.

Johannes Calvijn (1509-1564) bracht zijn vreugdeloze interpretatie van het christendom naar Genève, waar frivole kleding, dansen en theater weldra verboden werden. Een belangrijk onderdeel van zijn theologie was de predestinatieleer, die uit een oud probleem voortkwam: als mensen zich door goede werken en een voorbeeldige levenswandel kunnen verzekeren van een plaats in de hemel, dan is hun opneming geen vrije daad van de Schepper, maar het automatische gevolg van hun handelen. De Almachtige is niet meer almachtig als Hij niet zelf beslist. Calvijn leerde dat het hovaardig is aan te nemen dat de zwakke mens God tot iets kan dwingen. In werkelijkheid kiest God de zielen van de mensen die Hij redden wil al van tevoren uit, en niets van wat individuen doen of nalaten kan Gods raadsbesluit veranderen. Maar om Zijn welgevallen te laten blijken, schenkt Hij de mens die voor het eeuwige leven uitverkoren is welvaart als teken van Zijn genade. Maar die rijkdom toon je niet – het zou onbescheiden zijn te wijzen op je eigen uitverkorenheid. Trots is per slot van rekening een zonde.

Daar ligt de kiem van de gehele morele voorstelling van een samenleving die rijkdom identificeert met deugd en omgekeerd armoede met zonde. Wie arm is, is sowieso uitgesloten van Gods welgevallen. Iedere mens is waar hij is omdat hij dat verdient. Een herordening van de samenleving zou niet alleen ingaan tegen de wetten van de markt, maar ook tegen de wil van de Schepper.

Op dit punt eist de commerciële zaligheid haar prijs: de angst voor de val. De deelname aan de hoogmis is afhankelijk van de eigen deugdzaamheid, niet iedereen past trouwens in de kerk, en de beste plaatsen, direct bij het altaar, zijn gereserveerd voor de ouderlingen van de gemeente. Consumptie biedt deelname aan commerciële dromen, maar wie terugvalt, wordt naar buiten gewerkt. De heiligen binnen de Kerk spoorden de gelovigen aan om te vasten, sober te leven, te biechten, zichzelf te zien als ontoereikend en onwaardig. De heiligen op het beeldscherm en op andere *advertising*-iconostasen geselen hun gemeente met dezelfde boodschap. Je kunt nooit rijk genoeg, cool genoeg, slank genoeg, jong genoeg zijn. Om aan de communie te kunnen deelnemen, moeten de vroomste consumenten hard aan zichzelf werken en zich voortdurend vergelijken met beelden die in hun Photoshop-perfectie onbereikbaar zijn.

De vaak tegenstrijdige constellaties van een verlicht en op sterke rechten berustend rationalisme enerzijds en van een religieus ritueel anderzijds stempelen de consumptie tot een persoonlijke en een sociale daad. Voor de eerste denkers van de verlichting zou deze slotsom een nachtmerrie zijn geweest, de karikatuur van hun emancipatorische idealen, zo ongeveer het tegendeel van wat zij beoogden. Zij (en na hen de socialisten) droomden ervan de massa te bevrijden van onderdrukking en onwetendheid en haar tot ontwikkeling en vrijheid te brengen, Kants beroemde 'afscheid van de onmondigheid door eigen schuld'. De geëmancipeerde massa reikte haar bevrijders warm de hand, haalde een biertje uit de koelkast, plofte op de bank neer en zette de televisie aan.

De verdraaide verlichting

Is de verlichting stukgelopen op de uitvinding van de consument en daarmee op de vrije markt? Heeft de markt een geheel eigen verlichting nodig, uitgaande van de vraag hoe de relatie tussen individuele vooruitgang en algemeen welzijn zich moet ontwikkelen en of de markt deel van een open samenleving is? Of is, zoals Polanyi meende, de samenleving reeds lang verworden tot louter aanhangsel van de markt?

Zeker is dat het al in de zeventiende eeuw overdreven optimistisch was aan te nemen dat mensen in het algemeen rationeel en vrij kunnen of zelfs willen handelen, beslissen en leven, en die veronderstelling is sindsdien niet realistischer geworden. Homo sapiens is gemaakt zoals andere primaten ook, met kleine, maar strategisch essentiële verschillen. Het DNA van de mens verschilt minder dan 1 procent van dat van de chimpansee. In dat ene procent zit het vermogen tot symbolisch denken, tot het leven in grote, complexe gemeenschappen en tot het formuleren van abstracte concepten. Maar wat prioriteiten, angsten, agressie, begeerten, verboden, jaloezie en hiërarchieën betreft, delen we veel meer met andere primaten dan wat ons van hen scheidt – en zeker meer dan ons lief is.

Van de moreel gekleurde verlichting van Immanuel Kant is het beeld afkomstig van de mens als een gefrustreerd, 'door eigen schuld onmondig' schepsel, dat het licht van de ratio kan vinden en zich van alle primitieve aanklevingen kan ontdoen om geheel moreel en geheel vergeestelijkt te worden. Het ligt voor de hand en het is ook juist om in dat concept een echo van de protestantse opvoeding te zien die de jonge Immanuel als zoon van een piëtistische zadelmaker had genoten. Die onmondigheid is eigen schuld omdat een volwassene de plicht heeft alle mogelijkheden van zijn ratio te verwezenlijken en zich te bevrijden van bijgeloof en onwetendheid om geheel naar eigen verstandelijke inzichten te leven. Die verlichtingsratio is de geseculariseerde versie van de ziel, die zich van de ballast van zijn lichaam moet bevrijden om gereinigd naar de hemel op te stijgen.

De kantiaanse rationele mens en de rationeel handelende persoon op de vrije markt hebben een zekere verwantschap. Het zijn beiden interpretaties van de christelijke ziel; beiden zijn van oorsprong niet logisch of biologisch, maar theologisch. Geen van beide interpretaties spreekt van de symbolisch denkende primaat die onder druk komt te staan als hij de evolutionaire ervaring van duizenden jaren binnen enkele generaties overboord moet gooien om zich opnieuw uit te vinden of te laten uitvinden. Daar zit een wonderlijke ironie in. De varianten van de ziel zijn manifestaties van het symbolische denken, zoals ook de idee van de ziel zelf een vroege poging is het leven en de natuur te verklaren. Ze komen voort uit een existentiële realiteit, maar beschrijven die niet.

Een consument is een complex schepsel – *complex* omdat in hem de rationele markt als afschaduwing van de verlichting en de irrationele transcendentie als afschaduwing van de religie door elkaar heen lopen; en *schepsel* omdat het welbewust werd gecreëerd als antwoord op de met fossiele brandstoffen aangewakkerde massaproductie. Consumenten zijn daarmee een aspect van de productieketen die langs vele omwegen uit natuurlijke grondstoffen winst maakt. Het is handel waar beide partijen in geïnteresseerd zijn: consumenten genereren winst en de productieketen genereert stamidentiteiten en droombeelden voor de stedelingen, die ontworteld zijn door de onophoudelijke technologische vooruitgang en die zich voortdurend moeten aanpassen, hun uiterste best moeten doen en zich opnieuw moeten uitvinden om het tempo te kunnen bijbenen. De commerciële transcendentie is de rots in de branding van de markt.

Die hervertelling van de mens, die in de Verenigde Staten begon en na 1945 ook in andere, liberale democratieën ingang vond, heeft verbazingwekkende consequenties gehad. Individuen denken en handelen anders, al naargelang ze als consumenten of als burgers worden aangesproken. Ze beantwoorden zelfs dezelfde vragen anders, al naargelang ze aan een consumentenonderzoek of een burgerenquête deelnemen. Als consumenten zijn ze bijvoorbeeld zorgelozer wat betreft de gevolgen van hun consumptie, ook als ze als burgers consumptie als problematisch beschouwen. Belangrijk is hoe mensen zichzelf zien. Belangrijk is welke verhalen ze over zichzelf vertellen.

De psychiater Paul Verhaeghe ziet verbanden tussen de hervertelling van de mens als consument en de psychologische stoornissen die hij in zijn klinische praktijk behandelt. In het algemeen zijn er dientengevolge veel minder gevallen van met schuld beladen dwangstoornissen, zoals Freud ze aan het begin van de twintigste eeuw beschreven heeft. In plaats daarvan ziet Verhaeghe veel meer psychosen, opvallend gedrag en narcistische stoornissen bij patiënten die zich verscheurd voelen tussen de eisen van de maatschappij en de eindeloos affirmatieve boodschappen van de markt. Een fundamenteel probleem, schrijft hij in zijn studie *Identiteit*, is de boodschap: Iedereen kan volmaakt zijn, iedereen kan alles krijgen – vooropgesteld dat je echt in jezelf gelooft, want geloof kan zoals bekend bergen verzetten.

Zo deelt de sociale wereld zich op in winnaars en verliezers en maakt tegelijkertijd van iedereen een verliezer. Iedereen is schuldig, als hij er niet in slaagt perfect te zijn en alles te krijgen waarvan hij altijd heeft gedroomd. Elke consument is een kleine god, een tiranniek kind met een creditcard – en tegelijkertijd het bewijs dat zijn eigen dromen alleen maar kunnen mislukken, een mislukking die wederom slechts door consumptie te verbloemen is.

Kan het echt zo simpel zijn: John F. Kennedy's beroemde aansporing: 'Vraag niet wat jouw land voor jou kan doen, vraag wat jij voor je land kunt doen' als tegenbeeld van: 'Hebzucht is geweldig' en van een psychologische ziekte?

Zo simpel is het niet – zo simpel is het nooit. Voor veel mensen was het Amerika van Kennedy een gevangenis, en persoonlijkheidsstoornissen hebben complexe oorzaken. Ook tegenwoordig maken mensen deel uit van gemeenschappen, ook tegenwoordig zijn ze betrokken bij verenigingen en de buurt, helpen ze in de familie en zetten ze zich in voor dingen die belangrijk voor hen zijn, zonder eraan te verdienen. Ook de rijke landen zijn geen morele woestijnen waarin de mensen van alles de prijs kennen en van niets de waarde.

En toch heeft het verhaal van de consument, dat zijn oorsprong vond in een freudiaans pessimistisch mensbeeld en in het trauma van twee oorlogen, diepe sporen nagelaten. Een deel van die sporen heeft zich in het dagelijks leven van de rijke samenlevingen ingegraven en oefent een subtiele macht uit. In de laatste dertig jaar zijn de gemiddelde schulden van de huishoudens in Amerika en Engeland verdrievoudigd, voornamelijk om consumptie te financieren. Merken bepalen identiteiten, en huishoudens hebben tegenwoordig een veelvoud aan objecten, veel meer dan enkele decennia geleden, en ze produceren een veelvoud aan afval.

Voor huishoudens in de Verenigde Staten, die internationaal gezien veruit het meeste consumeren, zijn de cijfers adembenemend. Amerikaanse burgers vormen ongeveer 5 procent van de totale wereldbevolking, maar verbruiken 18 procent van de energie en produceren 30 procent van het afval, waarvan maar ongeveer 2 procent gerecycled wordt. Zo belandt op de vuilstortplaatsen genoeg aluminium om elke drie maanden de gehele commerciële luchtvaartvloot te vernieuwen (al die fraaie blikjes cola...), en elk jaar genoeg staal om heel Manhattan te herbouwen, en genoeg hout om vijf miljoen huizen tweehonderd jaar lang te verwarmen. Elk jaar gooien Amerikaanse huishoudens, supermarkten en producenten twaalf miljoen ton voedingsmiddelen weg, waarvan een groot deel nog goed is. Europese huishoudens gebruiken ongeveer half zoveel stroom, maar ook hier gaat meer dan honderd kilo eetbaar voedsel per persoon per jaar bij het vuilnis. Slechts zo'n 30 procent van de groente en het fruit die voor hen geproduceerd worden, bereikt de borden van mensen in de rijke wereld, de rest wordt, als beschadigd of als optisch niet goed genoeg, uitgesorteerd en meestal weggegooid.

Terwijl niemand *alleen maar* consument is, is iedereen toch *ook* consument, hij wordt gestimuleerd om zichzelf als consument op te vatten: als individu dat recht heeft op de vervulling van zijn wensen, recht op een persoonlijk geluk dat door consumentenbeslissingen wordt gecreëerd. Dat is vooral een gestandaardiseerde, als individueel verkochte droom, die de belangen van anderen als irrelevant of als concurrerend ziet. De samenleving waarmee de mensen zich als consument verbonden voelen, bestaat niet uit leden met wie ze toevallig een stad of een land delen, maar uit leden die dezelfde commerciële droom dromen, die tot dezelfde stam behoren.

—

Hoe verschillend ze er op het eerste gezicht ook uit mogen zien, de opwarming van de aarde, de digitalisering en de hervertelling van mensen tot consumenten zijn producten van de industriële revolutie, de massaproductie en het tijdperk van de aardolie. Alle drie hebben ze nieuwe omstandigheden gecreëerd voor het succes en de mislukking van samenlevingen. De omgang met alle drie zal beslissend zijn voor de vraag of en in hoeverre de komende veranderingen rampzalig zullen zijn of ook kansen zullen bieden om ze niet alleen lijdzaam te ondergaan, maar ze vorm te geven en te benutten.

Klimaatverandering en digitalisering leveren de energie die ook de rijke landen ertoe zal dwingen zich aan te passen aan de nieuwe omstandigheden of eraan te gronde te gaan. Maar historische processen zijn niet alleen een product van uiterlijke omstandigheden – ze worden bepaald door een culturele context, waarin dezelfde oorzaken zeer verschillende gevolgen kunnen hebben. De mondiale triomftocht van linkse totalitaire systemen illustreert dat fraai. Die laat zien hoe een historisch en cultureel helder gepositioneerde en geformuleerde idee – de economische en culturele kritiek van Karl Marx – binnen enkele decennia op verschillende plekken op aarde tot volkomen van elkaar verschillende regimes werd geherinterpreteerd, waarvan elk minstens evenveel met het eraan voorafgaande regime te maken had als met de ideeën van Marx. Het Russische tsarisme, de bureaucratische hiërarchieën van het Chinese keizerrijk, de Duitse ambtenarenstaat aan het begin van de twintigste eeuw en de wat meer pragmatische erfenis van de Habsburgse dubbelmonarchie in Oost-Europa hebben hun stempel gedrukt op zeer verschillende socialistische samenlevingen.

Hoe mondiale samenlevingen zullen omgaan met de transformaties in de komende twee decennia en of hun structuren dat proces zullen overleven, zal ook afhankelijk zijn van culturele factoren, maar meer dan ooit tevoren is er ook een mondiale cultuur die een bepaald mensbeeld begunstigt, precies zoals het socialisme een mensbeeld propageerde, en ongetwijfeld even dogmatisch. De rationale mens van de verlichting en Freuds psyche van de prangende instincten hebben tot een paradoxaal schepsel geleid, de golem van de massaproductie, de consument.

Hoe reageren mensen op wie decennialang een regen van beelden en boodschappen, van producten en reclame is neergedaald die verkondigden dat zij de navel van de wereld zijn, dat alleen hun wensen en verlangens tellen, dat ze alle gelijk van de wereld hebben, dat alles afhankelijk is van de vraag of ze ergens zin in hebben – hoe reageren zulke mensen op een uitdaging van historische proporties, een nieuwe koers waarvan de gevolgen nog eeuwenlang merkbaar zullen zijn? Wat gebeurt er in een democratie als te veel mensen gewoon geen zin hebben in verandering? Wat gebeurt er als er te weinig tijd overblijft om hen op andere gedachten te brengen?

Wat gebeurt er als samenlevingen die de toekomst uit de weg willen gaan, die alleen willen dat het heden nooit ophoudt en wier politieke alliantie op het behoud van de huidige toestand is gericht, te maken krijgen met de machtigste stroomversnelling uit de geschiedenis?

De gespleten toekomst

De terugkeer van de geschiedenis

Elke ineenstorting brengt intellectuele en
morele wanorde.
Pessimisme van de intelligentie en optimisme
van de wil.

ANTONIO GRAMSCI

Plotseling en zonder enige waarschuwing vooraf is tien jaar geleden de toekomst gespleten. Mensen op de hele wereld kregen in 2008 te horen dat de grote banken, waar iedereen schulden en betaalverplichtingen heeft, misgegokt hadden – hopeloos, onverantwoordelijk en onvoorstelbaar, amoreel en dom. En toen kregen ze de mededeling dat die instellingen gewoon te groot waren om failliet te laten gaan, mensen moesten geld dat ze samen door goed beheer hadden verdiend, aan de banken geven om die door de problemen heen te helpen en zo het hele systeem te redden van de ondergang. Miljoenen mensen verloren hun huis, hun baan, hun toekomst. Er is eigenlijk geen bankier geweest die de gevangenis in draaide, en binnen enkele jaren waren de winsten en bonussen hoger dan tevoren.

We kennen dat verhaal, maar we onderschatten de emotionele en morele kracht ervan, zijn luide echo. Het oude maatschappelijke verdrag dat voor alle mensen gold – als je hard werkt en je best doet, kun je een beetje geld sparen, kun je een klein huis, een wasmachine en een auto kopen en in je kinderen investeren – was herschreven. Nu was het parool: hoe je je ook inspant, hoeveel je ook studeert, hoe lang je ook ploetert en hoe hoog je schulden ook zijn – het systeem werkt niet voor jou, het heeft totaal geen belangstelling voor jou; het maakt alleen de winnaars, een diersoort die volgens eigen wetten leeft, onmetelijk rijk en onaantastbaar. De anderen, door schulden geknecht, door de media afgeleid, door drugs verdoofd of door een hardnekkige hoop beneveld, worden zienderogen armer, afhankelijker, angstiger. Je zult altijd een van hen zijn. Er is geen ontkomen aan.

Zo gingen miljoenen mensen denken, en ze hadden gelijk. Voor hen was de financiële crisis de definitieve bevestiging dat het er niet toe deed hoezeer je je inspande om vooruit te komen, dat de mensen aan de top er altijd goed van af wisten te komen op kosten van de mensen aan de onderkant, dat de winsten van de altijd nog robuuste economische groei alleen de financiële wereld ten goede kwamen, maar dat de verliezen gesocialiseerd werden, door iedereen gedragen.

Die ineenstorting kwam nog geen twintig jaar nadat was voorspeld dat het kapitalisme en de liberale democratieën, waarin het gedijde, geluk en onsterfelijkheid deelachtig zouden worden. Met de val van de Muur in 1989 waren vele westerse waarnemers er zeker van dat het niet alleen gedaan was met het communisme, maar met elk alternatief voor de marktmaatschappij. Een jonge academicus, Francis Fukuyama, schreef een boek met de prachtige titel *Het einde van de geschiedenis en de laatste mens*, waarin hij beweerde dat de geschiedenis in politieke, hegeliaanse zin voorbij was, er zouden alleen nog maar gebeurtenissen en transacties plaatsvinden tussen markten. Fukuyama's boek is intelligenter dan zijn critici meenden, en ook het einde van de geschiedenis was voor hem geen positief visioen: hij schilderde het beeld van een wereld waarin technocraten en cijfers het voor het zeggen hebben en waarin ideeën en cultuur waardeloos zijn.

De gespleten toekomst komt dus vanuit een schijnbaar eensgezind heden dat onstuitbaar streeft naar een steeds volmaaktere toekomst. Het is niet moeilijk achter die gedachte niet alleen de heilsgeschiedenis van het christendom en de geschiedenisfilosofie van Georg Wilhelm Friedrich Hegel te zien, maar ook de vooruitgangsfetisj van de negentiende eeuw.

De christelijke Bijbel leert dat de mensheid na de verdrijving uit het paradijs en de kruisiging van Jezus in zekere zin moet wachten tot God hen bij het Laatste Oordeel niet alleen zal richten, maar ook eindelijk tot Zich zal nemen. De geschiedenis beweegt zich dus als een pijl naar de toekomst, aan het eind waarvan de verlossing staat. Hegel vertaalde die traditie naar een seculaire context. De wereldgeest, schreef hij, drijft de geschiedenis voort doordat de geesten van de afzonderlijke culturen met elkaar strijden en door die strijd elkaar niet alleen verrijken, maar ook veranderen en ten slotte opheffen. Aan het eind van dat lange dialectische proces staat de zelfverwezenlijking van de wereldgeest in een apotheose van de geschiedenis, die voor de filosoof als bij toeval bijna geheel overeenkwam met de idealen van het Noord-Duitse protestantisme. Ook filosofie kan ondanks haar grote gestes adembenemend provinciaals zijn.

Die progressieve traditie binnen het historisch denken werd door jonge wilden als Karl Marx overgenomen en tot beeld van de geschiedenis gemaakt, waarin de vooruitgang centraal staat en alle historische hindernissen kunnen worden overwonnen. In de negentiende eeuw was die gedachte meer dan begrijpelijk: wetenschap en industrie leken dagelijks nieuwe wonderen te verrichten, en in de loop van de eeuw werden armoede en ziektes steeds verder teruggedrongen. De beschaving leek inderdaad in staat te zijn een nieuw Jeruzalem te bouwen en honger, armoede, onwetendheid en oorlog volledig uit te roeien.

Het is tegenwoordig moeilijk te begrijpen hoe optimistisch veel mensen in de westerse landen vóór 1914 waren. Alles leek oplosbaar, alles leek mogelijk, de kracht van de beschaving leek onbegrensd. Hegel en christendom raakten verstrengeld in het geloof dat de koloniale machten van Europa met een hoogstaande missie bezig waren en dat de bekering van de heidenen en hun economische uitbuiting de vervulling waren van Gods wil. Dat was de energie waarmee de jonge mannen aangevuurd werden om zich vrijwillig voor het leger aan te melden – ook al lijkt die gedachte bij hun achterkleinkinderen, die minder vertrouwen in de toekomst hebben, nu pervers en onbegrijpelijk.

Het nieuwe Jeruzalem is niet van de grond gekomen. Het leven is voor de meeste mensen materieel wel verder verbeterd, maar in het kielzog van die vooruitgang is er een verwoestende dynamiek ontstaan die alle verworvenheden teniet dreigt te doen.

Het jaar 1989 leek de uiteindelijke zege van Hegel te markeren, het einde van de geschiedenis. De grote slag van de ideologieën was geleverd, het fascisme en het communisme beten in het zand, het kapitalisme schikte zijn lauwerkrans nog eens extra mooi op zijn hoofd. Niets stond de mondiale overwinningsparade nog in de weg. Vanaf dat moment waren de democratie en de vrije markt exportartikelen van de westerse wereld, vooral van de Verenigde Staten, die de messiaanse mantel om hun schouders hingen en hun historische missie profijtelijk konden verbinden met de ontsluiting van nieuwe markten en de veiligstelling van grondstoffen.

De eerste poging tot export, naar Irak, was geen succes. Ondanks enorme investeringen, jarenlange aanwezigheid van het leger en een tweede leger van adviseurs en experts werd niet alleen het gedestabiliseerde land zelf, maar de hele regio in een draaikolk van chaos en geweld gestort. Andere pogingen waren subtieler, koppelden ontwikkelingshulp en kredieten aan markteconomische hervormingen, privatisering en internationale concurrentie. Er moesten niet alleen flinke winsten worden gemaakt, maar het evangelie van de liberale democratie moest ook worden verspreid. Door de gedwongen opening van de markten in opkomende landen werden plaatselijke structuren vernield; mondiale investeerders creëerden de facto nieuwe koloniale machten, die net als in de zeventiende eeuw geleid werden door gigantische ondernemingen. Ze verwoestten plaatselijke markten, verspreidden economische onzekerheid en waren verantwoordelijk voor een gevoel van culturele vernedering.

Net als de oude koloniale machten zette dat nieuwe economische kolonialisme de praktijk voort om de economische groei van het Westen te bevorderen door exploitatie van fossiele energie, van natuurlijke hulpbronnen en van goedkope menselijke arbeid op andere continenten. Elk land is in de eerste plaats een markt die uitgebreid kan worden, vooropgesteld dat het politiek stabiel genoeg is om investeringen te rechtvaardigen. Vaak zorgen dictators effectiever voor die stabiliteit dan breekbare democratieën. Zo worden tirannen satrapen van een officieus koloniaal rijk dat door middel van economische akkoorden en ontwikkelingshulp wordt geregeerd.

Economische groei die op uitbuiting is gebaseerd – dat businessmodel is al een tijd geleden op zijn grenzen gestuit. De planeet, op de uiterste korst waarvan wij ons leven leiden, lijkt niet meer van zins te zijn onze capriolen te verdragen. Smartphones en internet hebben informatie, geruchten en propaganda geglobaliseerd, enorme mensenstromen zijn op de vlucht voor de dood of op zoek naar leven. In de rijke samenlevingen wordt de arbeid schaarser. Dat is alleen nog niet duidelijk zichtbaar omdat er nog genoeg geld is om het te verhullen.

Werklozen worden anders aangeduid of niet geteld, maar het aantal groeit gestaag, en wie een nieuwe baan vindt, weet dat die baan morgen weg kan zijn, dat het toch al een rotbaan is, maar beter dan helemaal niets, beter dan een beetje rondhangen, een springplank naar iets anders wellicht, naar een echte baan met toekomst. Maar ook de mensen die een echte baan hebben, raken steeds gedesillusioneerder. De antropoloog David Graeber citeert een studie volgens welke een derde van de werknemers in de Verenigde Staten en Groot-Brittannië zelf van mening zijn dat hun baan overbodig is en niets constructiefs bijdraagt aan de samenleving. Graeber heeft uitvoerig beschreven hoe die *bullshit jobs* ook hun uitwerking hebben op de psyche van de mensen die ze moeten uitoefenen, hoewel ze al lang begrepen hebben dat ze vervangbaar en eigenlijk overbodig zijn en dat hun activiteiten noch henzelf noch de samenleving ten goede komen.

Voor de meeste mensen in de rijke samenlevingen wordt het krap. Wie niets heeft, hoeft niet te verhongeren, maar krabbelt nooit meer overeind. Wie een baan heeft, moet vrezen die te verliezen. We leven in een markteconomie. We zijn elkaars concurrenten. Zo wordt alles efficiënter en goedkoper. De concurrentie slaapt niet, iedereen is vervangbaar en moet daarom beschikbaar zijn, altijd bereikbaar, flexibel, op afroep. We leven in een nooit eerder geziene luxe en toch werken velen veel harder en langer dan ooit, want de angst zit iedereen op de hielen. Niet alleen al het mooie speelgoed, ook het eigen huis en de opleiding van de kinderen kunnen morgen foetsie zijn. Slechts heel weinig mensen zien tegenwoordig hun toekomst als gegarandeerd of geloven zelfs maar dat de toekomst veel goeds zal brengen. Daarom weigeren die samenlevingen enige gedachte aan de toekomst te wijden: die betekent verslechtering.

De hoop is uit de samenleving verdwenen, en tegelijkertijd heeft ook de consumptie haar transformatieve toverkracht voor een belangrijk deel verloren. Voor een slinkende maar nog steeds welvarende middenklasse aan beide kanten van de Atlantische Oceaan is consumptie weliswaar een vanzelfsprekende manier van leven en de geaccepteerde zin van het eigen sociale bestaan, maar het wordt moeilijker de transcendentale kick te voelen. Weer een nieuwe televisie werkt niet meer – het moet nu al een sprookjeskeuken zijn, met granieten werkblad, vier verschillende fornuizen en een slimme koelkast, alles schoongehouden door een discreet privéleger van informele dienstmeisjes.

Tegenover die kleine, maar invloedrijke laag van door de consumptie gestreste *brand*-shoppers, theaterbezoekers en stadsbewoners staat een groeiende massa arbeiders en jobbers, die weliswaar toegang hebben tot goedkope consumptiegoederen, maar die reeds lang begrepen hebben dat ze zijn uitgesloten van de bordenwassersdroom over een miljonairsbestaan, dat ze steeds precair en doelloos zullen leven, dat het geen zin heeft plannen te smeden, dat het meisje van de buren dat altijd met de allerhoogste cijfers thuiskwam en naar de universiteit ging en zelfs promoveerde, nu met haar negende practicum bezig is, maar dat weldra te oud zal zijn om nog een baan te krijgen en paniekerig is over de vraag of het nog wel zal lukken kinderen te krijgen, want haar laatste relatie is op de klippen gelopen toen ze naar een andere stad moest verhuizen. Haar vrienden vergaat het niet beter, want ook voor de cleveren, die hard werken en nooit opgeven, zijn er amper nog banen. De wereld is niet fair, het systeem wordt door anderen gestuurd, en er is sowieso niemand die je helpt.

Welke rationele mens kan indachtig die situatie serieus in een betere toekomst geloven? Het succes van onze samenlevingen is afhankelijk van de groei van de economie, die alleen door consumptie en het onverzadigbare, immorele gebruik van hulpbronnen gaande te houden is, en dit betekent dat elke verandering een verslechtering zal zijn. Op enig moment zullen we wel iets moeten doen, maar niet nu, niet hier, en vooral niet bij mij. Ik heb hard gewerkt voor het kleine beetje dat ik bij elkaar heb geschraapt. Dat heb ik zelf verdiend, ik heb er kostbare tijd aan gespendeerd. Dat geef ik niet meer weg. Ik ken mijn rechten.

We leven in reactionaire tijden, omdat velen begrepen hebben dat het tegenwoordige businessmodel van het Westen op korte of lange termijn rampzalige gevolgen zal hebben en al heeft, en omdat de gedachte aan een fundamenteel alternatief tegen elke intuïtie in gaat, verliezen dreigt op te leveren en privileges op losse schroeven zet. Maar de afbrokkelende banen en de precairder wordende alternatieven zijn nog om een andere reden aanleiding tot opstand.

In een samenleving die geen verschil maakt tussen arbeid en deugdzaamheid, moet het wel problematisch zijn als veel mensen geen of alleen laag en onzeker werk vinden, als ze te voelen krijgen dat hun werk steeds minder wordt gewaardeerd en steeds minder nodig is, en dat hun vaardigheden en hun tijd niet meer tellen. Ze zijn de boventalligen, die meegesleurd worden omdat ze er nu eenmaal zijn. Ze hebben geen constructieve rol meer. Ze worden alleen nog als consumenten aangesproken en gepaaid, maar niemand heeft behoefte aan consumenten zonder creditcard. Nee, niemand hoeft te verhongeren, maar velen hebben al geruime tijd geen plek meer, het zijn hoogstens gedulde blinde passagiers, *dead assets* in het businessplan.

De waardigheid van de arbeid – een vreemd ouderwets idee, dat aan goed bedoelde tentoonstellingen en fotoalbums in zwart-wit herinnert. Die waardigheid zal niet weerkeren op de manier zoals het socialisme erover droomde. Wie vandaag nog met spierkracht werkt, is geen held van de arbeid, maar een *looser*, wiens enige voordeel ten opzichte van de concurrentie is dat hij zó goedkoop is dat zelfs machines zijn arbeid niet voor minder geld kunnen verrichten. En toch is het alleen maar een kwestie van tijd. De machines komen eraan en zullen winnen. Wie tegenwoordig iets kan wat niet plaatsgebonden is, moet weten dat iemand het in de mondiale markt voor minder zal doen en dat werkgevers in de eerste plaats rekening houden met hun aandeelhouders en dan pas met alle anderen.

Het is moeilijk hoopvol te zijn als hoop dom lijkt. Het is moeilijk trots te zijn als de eigen arbeid en het eigen leven geen waarde meer voor de samenleving hebben. Daarom is het eenvoudig en zelfs rationeel om bang te zijn – en nog simpeler woedend. De meeste mensen hebben (overigens net als andere primaten) een goed ontwikkeld gevoel voor *fairness*. Ze zien dat de oude belofte van de vrije, kapitalistische samenleving, van de *American dream*, niet meer werkt, dat ze er niet meer toe doen, dat ze deel van een systeem zijn dat tegen hen werkt, nadat ze eerder geleerd hebben dat hun inzet en hun werk de basis voor succes en respect zouden zijn.

De psychologische situatie van veel mensen in de huidige economie doet denken aan de Duitse vrijwilligers in de Eerste Wereldoorlog, die naar het westelijk front gingen om voor keizer en vaderland te vechten en de beschaving te verdedigen, met hun hoofd vol gymnasiumidealen en Nietzsches *Zarathustra*, en met de Bijbel in de ransel. Jonge mannen wilden in een gevecht van man tegen man met de bajonet hun mannelijkheid bevrijden van de decadentie van het leven in de stad en zichzelf in het 'staalbad' van het lot vernieuwen.

De realiteit aan het westelijk front zag er anders uit. In plaats van hun mannelijkheid te stalen op het slagveld, zaten ze wekenlang in verregende, modderige en van de ratten vergeven loopgraven, en werden ze door hoogst moderne artillerie gebombardeerd, door machinegeweren neergemaaid en door gifgas blind gemaakt. Industriële wapens produceerden doden, of iemand nu moedig was of laf, jood of christen, socialist of conservatief, vrijwilliger of niet. Individuele motivatie en karakter waren niet meer van belang in het aangezicht van de moordmachines. Ze waren waardeloos geworden. Het veld van eer was in feite een stinkend moddergat.

De ervaring van de dodelijke zinloosheid aan het front leidde na 1918 bij veel mensen tot een ongekende geestelijke crisis, die ook de opkomst van het fascisme bevorderde, omdat aangetoond was dat mensen in industriële en naar democratie neigende samenlevingen niets waard waren, dat arbeid slechts een anonieme hulpbron voor anoniem kapitaal geworden was en dat overtuigingen niet konden concurreren met machines. De messiaanse boodschap van een paradijs van boeren en arbeiders, een betere toekomst voor alle 'Ariërs', een nieuw ontwakende beschaving met oeroude wortels, die naar de grootheid van haar oorsprong wederkeert – dat waren allemaal verleidelijke visioenen na de ervaring van de absolute waardeloosheid van menselijke lichamen en overtuigingen aan het westelijke front, de modernste plek op aarde, waar alles in massa was geproduceerd, gestandaardiseerd en genummerd, en waar alles uitwisselbaar was.

Exprestrein naar Weimar

Honderd jaar later is de ervaring van de eigen zinloosheid en het collectieve gebrek aan toekomst minder existentieel gebonden aan één enkele rampzalige gebeurtenis dan de ervaring van de veteranen van 1918, maar de redding van de banken na de financiële crisis in 2008 en het opzienbarende vrijuit gaan van de schuldigen hebben veel mensen oplettender gemaakt: hun eigen leven telt kennelijk minder dan het leven van gokkers en politici, met wie ze zo nauw verbonden leken.

In zijn boek *De afdaling in de hel*, dat over de tijd tussen de twee wereldoorlogen gaat, beschrijft de Britse historicus Ian Kershaw vier factoren die na 1918 tot de ineenstorting van de Europese democratieën hebben geleid:

1. de explosieve verspreiding van een etnisch-racistisch nationalisme;
2. verbitterde en onverzoenlijke territoriale herzieningseisen;
3. een acuut klassenconflict;
4. een lang aanhoudende crisis van het kapitalisme.

Je hoeft niet lang te zoeken om in dat verleden ons heden te herkennen. Geen facet dat in die opsomming niet gespiegeld wordt – van de nationalistisch-racistische rechtspopulist in het Witte Huis tot aan de Krim en de oorlog in Oost-Oekraïne, van de dagelijks toenemende sociale ongelijkheid tot aan de crash in 2008, en tot aan de volgende grote financiële crisis van een steeds verder gedereguleerde markt.

De loop van de geschiedenis is niet voorgeprogrammeerd, maar je hebt geen bijzonder rijke fantasie nodig om je een scenario voor te stellen met duidelijke lijnen naar een nieuwe, rampzalige breuk van het beschaafde leven en de menselijkheid. Zoals de historicus Christopher Clark heeft aangetoond, was het begin van de Eerste Wereldoorlog ook niet het werk van een duivels genie of van het radicale kwaad, maar het product van een stortvloed aan incompetentie, wantrouwen, zelfoverschatting, misverstanden, onwil bij de elites de realiteit onder ogen te zien en hysterische retoriek van de media. Ook in die tijd zag men niet dat de oorlog ditmaal anders zou zijn, dat de technologische vooruitgang het wezen van de oorlog onherroepelijk veranderd had, dat uit zo'n oorlog uiteindelijk alleen maar verliezers konden voortkomen, omdat ook de winnaars er te veel bij zouden inschieten. Geleerden als de Rus Jevgeni Ivanov schreven er lang vóór 1914 al over, maar het leger luisterde niet naar hen – begrijpelijk, want die analyse vernietigde het fundament van hun business.

De economische en politieke structuren voor een existentiële crisis van de liberale democratieën zijn reeds lang voorhanden, en dat soort crises escaleert niet omdat charlatan X of oplichter Y gekozen wordt of de macht grijpt, maar door een falen van het systeem, door collectieve zelfoverschatting en door onwil om de realiteit onder ogen te zien. Pas dan krijgen X en Y hun kans, zoals Stalin, Mussolini en Hitler in de ontwrichtende jaren na de oorlog hun kans kregen en grepen.

Maar wie tegenwoordig bang is voor fakkeloptochten, uniformen, paradepas en fasces kan rustig gaan slapen, want zoiets zal zich niet meer voordoen. Een nieuwe dictatuur, een nieuwe autoritaire democratie kan heel goed zonder het visuele vocabulaire van de jaren 1930. Een dictator van tegenwoordig ziet eruit als de voorzitter van een raad van commissarissen. Ook tirannen moeten gebruikmaken van de vooruitgang om hun macht veilig te stellen. Autocraten van nu hebben dankzij internet en data subtielere methoden om hun bevolking angst aan te jagen en te controleren.

De republiek van Weimar leed schipbreuk nadat de beurskrach van 1929 en de daaruit voortvloeiende wereldwijde crisis de fundamenten hadden weggeslagen onder het economische herstel van heel Europa. Dramatisch oplopende werkloosheid en sociale ongelijkheid, wijdverspreide armoede en steeds minder handelingsbekwame staten creëerden een situatie die snel uit de hand liep. Leven wij dus weer in een republiek van Weimar?

Nee. Daar zijn we te rijk voor, daar hebben we te sterke instellingen en een te actieve burgermaatschappij voor. Toch valt niet te ontkennen dat de structuren bedenkelijk veel overeenkomsten vertonen. De welvaart van de samenlevingen van de rijke wereld scheidt die nog van de oncontroleerbare neerwaartse spiraal van sociale ellende en paranoïde geweld, zoals in het interbellum.

Maar we kunnen ons niet nogmaals een crisis als die van 2008 veroorloven, moreel noch financieel. Met de redding van de banken verloren democratische regeringen hun legitimiteit in de ogen van veel burgers die begrepen of meenden te begrijpen dat een klein kliekje mensen vooral voor zichzelf zorgde en talloze eenvoudige, hardwerkende mensen gewoon liet verrekken. Die crisis heeft niet alleen financiële reserves nutteloos in rook doen opgaan, maar ook publiekelijk en volkomen schaamteloos het geloof in de fundamentele rechtvaardigheid van een samenleving, die eerlijke arbeid beloont en misdaad bestraft.

Als de liberale democratie in de ogen van zovelen zo dramatisch faalt en zo overduidelijk steeds minder in staat is zich te houden aan de fundamentele beloften van het maatschappelijk contract, dan is het begrijpelijk dat de mensen gaan uitkijken naar alternatieven die hun geschikter lijken om hun belangen te beschermen en die ook beter overeenkomen met hun zelfbeeld. Zo is de toekomst van de rijke wereld gespleten geraakt in een liberale en een autoritaire droom, die beide niet noodzakelijkerwijs democratisch zijn of mensenrechten respecteren. Ik noem de twee dromen de markt en de vesting.

Achter die beelden staan geen ideologieën, maar een houding tegenover de wereld, de ene bepaald door een principiële openheid (het is de vraag naar wie), de andere door het dringende verlangen naar veiligheid. Het is duidelijk dat die houding het politieke systeem van na de oorlog in enkele jaren van de kaart heeft geveegd. Rechts en links, conservatief en progressief, religieus en seculier – die begrippen hebben nog maar in geringe mate betrekking op de ideologische bondgenootschappen en familiegelijkenissen tussen de diverse vormen van populisme, die zich als het sterkste idioom van de ingrijpende maatschappelijke veranderingen in de zeer nabije toekomst aan het vestigen zijn.

Politieke debatten en besluiten, maar ook strijd en politiek geweld vinden langs die scheidslijn tussen de liberale en de autoritaire droom plaats, tussen de markt en de vesting. Werkloosheid en sociale uitzichtloosheid door de digitalisering, populistisch nationalisme als opstand tegen sterkere migratie als gevolg van de klimaatverandering, en de mondiale financiële markten, waarvan de volgende crisis alleen nog maar een kwestie van tijd lijkt te zijn, zullen een grote, misschien zelfs te grote uitdaging voor liberale democratieën en het handhaven van de mensenrechten vormen.

Of en hoe die uitdaging met succes tegemoet kan worden getreden of op zijn minst het hoofd kan worden geboden, zal afhangen van de vraag hoe snel de landen en economische sectoren met de grootste politieke en economische invloed gemeenschappelijk handelen, hoe vastberaden burgermaatschappij en burgers zich ervoor inzetten, hoeveel consumenten bereid zijn een stap terug te doen en hoe accuraat onze klimaatmodellen zijn.

Maar er zal nog een andere factor een verrassend belangrijke rol spelen. *Ideas are back*. In de laatste drie decennia is elk groot sociaal of economisch probleem altijd naar de markt doorgesluisd, die elke onevenwichtigheid als bij toverslag weer in orde zou brengen. Maar de markt heeft niets in orde gebracht, en de publieke discussie vindt ver van de politieke structuren plaats die hun hele vertrouwen in de krachten van de markt hebben gesteld.

De liberale markt heeft op veel plaatsen voor een immense ontnuchtering gezorgd. Wie zich niet meer thuis voelt bij die liberale droom, vlucht naar de vesting, het autoritaire antwoord op de ijzige vrijheid van de markt.

Het lang geleden ontbrande debat tussen de liberale en de autoritaire droom, tussen markt en vesting, maar ook binnen die beide kampen, vindt versterkt plaats op internet. Een groot deel daarvan is echter minder debat dan een kakofonie van hysterische monologen in hermetisch van elkaar gescheiden echokamers.

Maar ver weg van die vreemd lichaamloze digitale getto's barsten steeds weer debatten los via boeken, kritische geesten, samenzweringstheoretici, activisten, journalisten, ideeënfestivals en initiatieven – en in steeds sterkere mate via satirici, die vooral in de Verenigde Staten de belangrijkste en betrouwbaarste informatiebron van een hele generatie zijn geworden. Opvallend is dat in die debatten op veel plaatsen noch de gevestigde media noch de traditionele politieke partijen leidend zijn. De arena is al lang elders.

Ideeën zijn weer belangrijk geworden. Het is niet meer voldoende op de blinde macht van de markt te vertrouwen. Het debat is naar de straat verhuisd, beslist verkiezingen, verandert op de slagvelden in het Midden-Oosten, net zoals in sociale netwerken en in een propagandaoorlog. De markt en de vesting trekken verschillende ideologische families en vreemde bondgenoten aan. Hoe sterker de druk wordt om te veranderen, des te belangrijker zal het zijn die beide verhalen te begrijpen, want uiteindelijk bepalen zij de houding van waaruit gehandeld wordt.

De markt

Glorie en ellende van de liberale droom

Tegenwoordig is de liberale droom nauw verbonden met de zogenaamde elites uit de stad.

Zo is die droom zijn leven ook begonnen, al was hij niet altijd van de elite. Zijn biografie is driehonderd jaar oud en is afkomstig uit een gedistingeerde familie van ideeën. Ook nu nog heeft hij niets van zijn missionaire spraakzaamheid verloren.

Het verhaal van de liberale droom gaat ongeveer als volgt. Na duizenden jaren religieuze dogmatiek en bijgeloof ontwikkelden moedige filosofen een nieuw mensbeeld. Alle mensen zijn vrij en met gelijke rechten geboren, iedereen is gelijk voor de wet, en de enige criteria voor de wetenschap zijn feiten en rationaliteit. Op die basis kunnen mensen in vrede met elkaar leven en vooruitgang creëren (tegenwoordig heet het mantra *innovation and productivity*), die het leven van iedereen verbetert. Verovering en verdediging van de vrijheid is het hoogste doel van individu en samenleving.

Dit nieuwe denken, dat 'verlichting' werd genoemd, werd aanvankelijk bestreden en onderdrukt, maar boekte in de loop van twee eeuwen steeds meer succes. Na de filosofen en de Franse revolutie werden de arbeidersbeweging, de afschaffing van de slavernij en de dekolonisatie, de burgerrechtenactivisten in de Verenigde Staten, de feministes, de decriminalisering van homoseksualiteit en het respect voor minderheden graadmeters van beschaving.

Als een goed kind van de verlichting beschouwt de liberale droom individuele rechten en vrijheden als centrale en onaantastbare punten van zijn programma. Mensen zijn in de eerste plaats altijd individu. Ze verbinden zich tot samenlevingen, niet omdat ze een gemeenschappelijk verleden hebben maar gemeenschappelijke doelen, waarden, idealen. Voor de samenleving is de idee van de *rule of law* het belangrijkst, het handhaven van de rechtsstaat, de scheiding van machten. Andere ideeën zijn de gelijkheid voor de wet, de vrijheid, de onaantastbaarheid van de persoon. Iedereen kan theoretisch deel van die samenleving worden, als hij die fundamentele regels accepteert, je hoeft er niet eens in te geloven.

De idee van mensenrechten en menselijke waardigheid is en blijft universeel, ook al zijn er steeds weer tegenslagen. Toch zal ze zich handhaven, want dat is uiteindelijk in het belang van iedereen. Het is een bevrijdingstheologie zonder god, en de geschiedenis staat aan haar kant. Het is de mooiste droom die de mensheid ooit heeft gedroomd, en het kan in potentie alle mensen bevrijden.

Die versie van de liberale droom is zo verheffend dat je het orkest op de achtergrond al meent te horen spelen, terwijl het koor zachtjes de keel schraapt voor de inzet van *Freude, schöner Götterfunken*. Maar zoveel warme buikgevoelens schaden de analytische scherpte en de diepgang. We willen de marktgeoriënteerde liberale droom daarom door de ogen van enkele critici bekijken, voordat we de autoritaire droom, de vesting, via de woorden van zijn verdedigers leren kennen. Misschien werpt de zo ontstane analytische distantie een beter licht op de aantrekkelijke én de relatieve zwakheden van die beide polen van ons ideologische landschap.

De maskers van de macht

Doordat die liberale droom niet in gelijke mate aan alle mensen ten goede komt, is de eerste, ironische en vaak in voormalige koloniën gemaakte observatie begrijpelijk: wat mooi dat blanke mensen in rijke landen een verhaal gevonden hebben dat hen niet alleen nog rijker maakt, maar dat ook nog eens bewijst dat ze naast de grootste onderdrukkers de grootste bevrijders zijn – vooropgesteld dat we opnieuw voor hun ideeën buigen.

De rijke en wijdvertakte traditie van die postkoloniale kritiek op de verlichting en op de westerse wereldheerschappij is mondiaal en is in de landen van de westerse wereld niet genoegzaam bekend. Ze reikt van de Chinese intellectueel Liang Qichao via Mahatma Gandhi (die de westerse beschaving prachtig treffend beschreef: *it would be a very good idea*), de uit Martinique afkomstige Franse psychiater en cultuurcriticus Frantz Fanon en de Palestijnse geleerde Edward Said tot hedendaagse auteurs als Arundhati Roy en Pankaj Mishra.

Centraal in die kritiek op het imperialisme staat het feit dat het Westen zijn eigen idealen van de universele mensenrechten zeer selectief heeft geïnterpreteerd. Enerzijds gaf de universele aanspraak ervan de koloniale machthebbers in hun eigen ogen het recht om plaatselijke en vanouds gegroeide structuren te vernietigen om westerse praktijken, rechtbanken, scholen en transportsystemen in te voeren en de betreffende landen militair te onderdrukken en economisch uit te buiten; anderzijds produceerden westerse geleerden en wetenschappers een stroom publicaties die met behulp van schedelmetingen en andere dubieuze criteria moest bewijzen dat de blanke man (en er waren inderdaad alleen maar mannen bedoeld) moreel, intellectueel en fysiek superieur was aan de leden van andere etnische volken en dat zijn heerschappij dus rechtmatig was. Universele mensenrechten konden slechts voor volwaardige mensen gelden, en die kwamen eigenlijk alleen maar voor in de welgestelde huizen van Europa en zijn kolonies – de arme mensen uit hun eigen landen vielen vaak al niet onder die definitie.

Andere critici van de verlichting argumenteren mutatis mutandis op soortgelijke wijze. De verlichte voorstanders van de mensenrechten hebben verbazingwekkend lang geen enkel probleem met de slavernij, de onderdrukking van de vrouw et cetera gehad en vonden steeds rationele, verlichte redenen voor hun repressieve en irrationele praktijken. Verlichting was uiteindelijk steeds wat een bepaalde elite goed uitkwam, een wapen in de maatschappelijke vooruitgang van de burgerij, geen tijdloze en universele waarheid, hoewel ze er aanspraak op maakte dat juist wel te zijn. Echt verlicht is alleen hij die deze waarden ook dan verdedigt als ze tegen zijn eigen belang ingaan.

Die kritiek op de verlichting treft ook de liberale droom, omdat beide nauw verwant zijn, of liever gezegd: omdat de tweede direct uit de verlichting voortkomt. Beide zijn producten van een nieuw soort samenleving die in de zeventiende eeuw in Europa ontstond en die steeds minder rond landbezit en geloof georganiseerd was, maar steeds meer rond markten, steden en kapitaal.

In de zeventiende eeuw bood het filosofische debat over rationaliteit, vrijheid, mensenrechten, religie, esthetiek en geschiedenis ook en vooral een forum om sociale conflicten in een zich veranderende maatschappij op te lossen. In die tijd was het de opkomende middenklasse – kooplieden, bestuurders, leraren, juristen en kunstenaars respectievelijk handwerkers – die haar groeiende aanspraak op politieke deelname en politieke macht kon onderbouwen met de argumenten van de verlichting. Haar leden waren niet afkomstig uit een oude, aristocratische familie, ze konden maar moeilijk Gods genade voor zichzelf opeisen (hoewel Calvijn uiteindelijk dat nu juist wel deed), maar ze konden wel de opvatting vertegenwoordigen dat alle mensen evenveel recht hebben op de vrije inrichting van hun leven, dat niemand als onderdaan geboren is en daarom ook niemand als rechtmatig koning, en dat de macht in de samenleving gedeeld moet worden.

Al in de achttiende en vooral de negentiende eeuw valt te constateren dat de debatten over verlichte rechten en vrijheid zich steeds meer gingen richten op de vraag wie om welke reden uitgesloten kan worden van de op zichzelf universele aanspraak van de verlichting. Omdat voor de verlichters de ratio het belangrijkste en hoogste attribuut van de mens was (zoals voor hun christelijke vaders en grootvaders de ziel, die er plaats voor moest maken), richtten die uitsluitingspolemieken zich noodzakelijkerwijs tegen de ratio, de intelligentie en de zelfbeheersing van de mensen die werden uitgesloten, of het nu vrouwen of koloniale onderdanen met een donkere huid waren, arbeiders of in het algemeen 'het plebs'.

Vanuit dat historische perspectief is dus juist de verlichting van meet af aan óók te zien als een machtsinstrument van een bepaalde sociale klasse, een klasse die in de negentiende eeuw oppermachtig werd en met haar ideeën niet alleen andere sociale klassen, maar ook andere culturen en continenten infecteerde. Zo bezien is de westerse bewering dat de ideeën ervan nu eenmaal superieur zijn aan andere ideeën en dat het een historische noodzaak is ze ingang te doen vinden, in het gunstigste geval historische ironie en in de meeste gevallen een cynische rechtvaardiging voor de onderwerping van hele bevolkingen aan het dictaat van ondernemingen en internationale organisaties, aan de zogenaamde dwang van een globalisering die er hoofdzakelijk toe dient de markten van de zich ontwikkelende wereld te openen voor de zakelijke belangen van de rijke wereld.

De liberale droom heeft talloze mensen geëmancipeerd, maar heeft ook meedogenloos in het leven van veel mensen ingegrepen. Als de verlichting en de liberale droom een wereld geschapen hebben waarin rijke samenlevingen willens en wetens onvervangbare natuurlijke omstandigheden verwoesten en de mogelijkheid van hun eigen verwoesting op de koop toe nemen alleen om dividend te kunnen blijven uitkeren en nog meer rommel te kunnen kopen, dan deugt er iets niet met die droom. Als de verlichte economie van de geglobaliseerde markt niet de democratisering van vroegere dictaturen heeft bewerkstelligd, maar uitstekend met dictaturen samenwerkt, als burgeroorlogen met talloze slachtoffers ook altijd aantrekkelijke deals voor de wapenindustrie betekenen, als steeds meer van haar productiviteit in steeds minder handen wordt geconcentreerd, dan gaat er zo'n grote kloof gapen tussen aanspraak en realiteit dat het niet langer houdbaar is.

De liberale droom is niet alleen mooi, hij is ook gecompromitteerd. Een beetje zoals Oscar Wildes antiheld Dorian Gray kon hij lang mooi blijven omdat hij de lelijkheid van zijn leven kon verbergen. Toch is zijn schoonheid echt en zeer waarschijnlijk noodzakelijk als enige alternatief voor vernietiging en geweld. De veranderingen binnen de westerse samenlevingen zullen zowel meer tolerantie als ook een levendiger debat over spelregels noodzakelijk maken, vooral stedelijke regio's zullen nog pluralistischer worden, en uit de verschillende tradities, houdingen en historische ervaringen zal een nieuw soort gemeenschappelijkheid ontstaan, sterker nog: móeten ontstaan. Zonder liberale idealen zal dat niet mogelijk zijn – maar mét die idealen zal het ook nog moeilijk genoeg zijn.

Als de samenlevingen van de komende twee of drie decennia, waarin migratie een beduidende rol zal spelen en die midden in een immense technologische verandering zitten, een kans krijgen naar elkaar toe te groeien en samen radicale economische maatregelen ontwikkelen om die uitdagingen tegemoet te treden, moeten hun debatten en onderhandelingen gebaseerd zijn op liberale ideeën, want geen samenleving zal op den duur machtig genoeg zijn om haar eigen belangen op te leggen aan de rest. Pluralisme is net als democratie: iedereen ziet af van de absolute macht, zodat de continuïteit van de besluitvorming in handen van de samenleving blijft, niemand te veel macht kan krijgen en niemand volledig uitgesloten is van dat proces, zodat het potentieel van een gewelddadige machtswisseling kleiner wordt.

Hoewel of misschien juist omdat we in de komende decennia de liberale droom in het debat zo dringend nodig hebben, moeten we hem ook als ambivalent en gecompromitteerd willen zien, moeten we hem historisch bekijken, en niet als iets religieus, als een geloofsinhoud. Want juist dat is al driehonderd jaar het verwijt van de critici aan de verlichters: dat ze even dogmatisch zijn als verstokte priesters, dat ze alleen maar het ene geloof door het andere vervangen hebben en dat niets erop wijst dat het verlichte mensbeeld met het echte leven te maken heeft. De mens als rationeel wezen? Critici van zo uiteenlopende snit als Edmund Burke en Friedrich Nietzsche konden alleen maar lachen om die voorstelling van zaken. De verlichting was een religie voor de middenklasse, meer niet, opium voor de betere kringen.

In de twintigste eeuw, en dan vooral onder de indruk van de Holocaust, formuleerden critici als Theodor W. Adorno en Max Horkheimer, Michel Foucault en Jacques Derrida een heel andere en in zekere zin systeemimmanente kritiek op de verlichting, die ook effect heeft gehad op de liberale droom. Die analyse was veel ingrijpender dan de wat platvloerse verwijten en achterhoedegevechten van de vroegere contraverlichters. Ze hield niet minder in dan dat de alles bevrijdende verlichting al de kiem bevatte van totalitaire macht en massamoord en dat ook het verhaal van vooruitgang en ratio niets anders was dan een masker van de macht dat werd gebruikt om andere, minder bevoorrechte mensen te controleren, te onderdrukken, uit te buiten en indien nodig om te brengen – alles uiteraard in dienst van het algemeen welzijn.

Dat meedogenloze mechanistische aspect, een deel van de erfenis van de verlichting aan de liberale droom, komt vooral tot uitdrukking in een door Foucault geanalyseerd project, het door Jeremy Bentham ontworpen panopticum. Bentham was een welgestelde Engelse privégeleerde en filosoof, die het rationalisme van de verlichting op de spits dreef. In het panopticum, een ronde gevangenis, waar elke cel vanuit een centrale waarnemingstoren in de gaten gehouden kon worden, zodat de gevangenen zich voortdurend geobserveerd moesten voelen, zouden niet alleen strafgevangenen worden ondergebracht die voor hun eigen onderhoud werkten; het project was volgens Bentham ook geschikt voor weeshuizen, ziekenhuizen, scholen en opvoedingsinstellingen, kortom voor alle instituties die hun ingezetenen optimaal wilden controleren en hun economische waarde optimaliseren. Zo kon een rationele elite ook de irrationele, impulsieve hordes opvoeden en onder controle houden.

Bentham was niet de enige verlichtingsfilosoof die een vorm van rationalisme vertegenwoordigde waarin democratie ten diepste werd gewantrouwd. Het is zonder enige twijfel waar dat slechts een minderheid van de verlichters democratisch was in de huidige betekenis van het woord. Ook een quasi-anarchist als Denis Diderot steunde de constitutionele monarchie (zij het op voorwaarde dat het volk de koning mocht terechtstellen als hij tegen het algemeen welzijn inging). Hun houding wordt misschien ietwat begrijpelijker als je beseft dat in die tijd slechts 10 procent van de Europeanen kon lezen en schrijven en maar heel weinigen iets van de wereld wisten. Democratie leek daarom weliswaar een aantrekkelijke utopie die nagestreefd diende te worden, maar ze was onder de gegeven omstandigheden tegelijkertijd een onmogelijkheid. 'De verlichting houdt in de buitenwijken op,' zei Diderot, 'buiten de stad moeten de mensen te hard werken en hebben ze te weinig te eten.'

Dat leidt tot een andere observatie, waarop we in een later hoofdstuk terug zullen komen. Wat voor de filosofen van de achttiende eeuw de heerschappij van de verlichte elite was, die in haar eentje kon beslissen hoe het volk gelukkig werd, is in veel ontwikkelde staten de heerschappij van de experts en de tabellencalculatie geworden, de overheersing van het technocratische liberalisme, dat geen tegenargumenten zoekt of duldt, omdat zijn analyses zijn gebaseerd op data en dus juist zijn. We kunnen nu beginnen te bekvechten over statistische methoden, complexe modellen, dataonderzoek, wetenschappelijke thesen en vraagstellingen. Maar we kunnen ook met Churchill antwoorden: 'Ik vertrouw alleen de statistieken die ik zelf heb vervalst.'

Ook als Adorno's verdenking van het geweldspotentieel van de verlichting, die een link construeerde tussen Kants studeerkamer en de torens van Auschwitz, misschien te zeer onder de directe impressie van de massamoord stond, en ook als Foucault ongetwijfeld slechts een belangrijk, maar cynisch deel van de verlichtingstraditie op het oog heeft gehad toen hij probeerde de argumenten van de filosofen als louter machtsdiscours te ontmaskeren, toch is de insteek van die kritiek alleszins vruchtbaar: verbazingwekkend veel verlichters hadden inderdaad een nogal pessimistisch mensbeeld, dat meer doet denken aan de New Yorkse pr-goeroe Edward Bernays dan aan Immanuel Kant, en net als Bernays en zijn collega's waren bijvoorbeeld Thomas Hobbes en Voltaire ervan overtuigd dat de grote massa ten eigen voordele geleid en gemanipuleerd moest worden.

De liberale droom heeft die gedachte overgenomen. Veel mensen die zichzelf als liberaal zouden omschrijven, en verbazingwekkend veel schrijvers en opiniemakers spreken privé of in het openbaar hun twijfel erover uit of een deel van de burgers intellectueel eigenlijk wel in staat en voldoende geïnformeerd is om werkelijk zijn stem uit te kunnen brengen. In liberale kringen was het antwoord op die vraag het bevel van de experts, en die oplossing heeft wonderlijk vaak goed uitgepakt. De nu door crises geplaagde Europese Unie is een klassiek voorbeeld van zo'n eliteproject dat veel mensen groot voordeel heeft gebracht.

Er is veel legitieme en belangrijke kritiek mogelijk op de Europese Unie, maar alleen de meest verstokte tegenstanders ontkennen dat ze de vrede en de economische ontwikkeling van Europa in belangrijke mate heeft bevorderd, hoewel ze niet per referendum of de wil van de kiezers is opgericht, maar een persoonlijk initiatief was van een handvol vooruitziende politici. Misschien is dat wel een reden voor de huidige impopulariteit ervan, misschien heeft ze zich nooit aangepast aan veranderde omstandigheden en heeft ze te veel nagelaten om van de Unie ook een tastbare realiteit te maken en ook Europeanen erbij te betrekken, net als Amerikanen, Duitsers en Grieken door hun samenleving zijn gevormd en opgevoed. Niettemin blijft het bestaan ervan een historische verworvenheid.

Dit roept een hele reeks vragen op. Als liberale elitepolitiek zulke betrouwbare positieve resultaten oplevert, betekent dit dan dat de politiek eigenlijk uit twee zaken bestaat, de technocratische beslissingen en de verkoop van die beslissingen via de media? Is dat democratisch? En is het in een complexe samenleving onvermijdelijk? Is het rationalistische mensbeeld van de verlichting, de voorwaarde voor het succes van de liberale droom, gewoon te schematisch, te optimistisch, te veel doordrenkt van zijn eigen christelijke erfenis en daarmee schatplichtig aan een onzinnige heilsgeschiedenis die nu vooruitgang wordt genoemd? Hadden de verlichters misschien niet gelijk met hun oordeel dat veel van hun tijdgenoten niet in staat waren belangrijke beslissingen over hun samenleving te nemen? En als dat zo is, hoe moeten toekomstige samenlevingen dan ingericht worden om hun liberale erfenis niet te verspelen?

La grande illusion

Een van de interessantste hedendaagse afrekeningen met de verlichting stamt van de Engelse filosoof John Gray, die van mening is dat het vooruitgangsverhaal van de verlichting – in zekere zin de motor die haar almaar voortdrijft – niets anders is dan een illusie, een propagandistische leugen van veel te optimistische of grootheidswaanzinnige schrijvers die elke relatie met de werkelijkheid kwijt waren. Uiteindelijk beschrijft John Gray de wereld en het menselijk bestaan als tragisch, en alle streven ze objectief te verbeteren als naïef en tot mislukken gedoemd, omdat ze de ware natuur van de mens – begerig, kortzichtig, wreed en dom – eigenmachtig miskennen. Gray schrijft:

> De idee van de vooruitgang van de mensheid is gebaseerd op de overtuiging dat de vermeerdering van kennis hand in hand gaat met de verdere ontwikkeling van de soort – indien niet in ons heden, dan in elk geval op de lange termijn. Maar in de Bijbelse mythe van de zondeval gaat een onaangename waarheid schuil: kennis maakt ons niet vrij. We blijven wie we steeds geweest zijn en we zijn in staat tot elke dwaasheid. Die waarheid vind je ook in de Griekse mythologie. De bestraffing van Prometheus, die het vuur van de goden stal en daarom aan een rots werd vastgeketend, gebeurde om goede redenen.

Grays sombere visie bevat enkele belangrijke argumenten in haar voordeel. De waarschijnlijk belangrijkste ervan is van wetenschappelijke aard. Hoe beter zoölogen het sociale gedrag van andere zoogdieren en vooral van andere primaten observeren, des te duidelijk wordt het hoezeer wij deel van hen zijn, dat onze voorkeuren – de gedoodverfde kandidaten voor de drievuldigheid van onze diepste motivatie zijn seks, angst en erkenning – nauwelijks te onderscheiden zijn van die van hen, en dat wij weliswaar rationeler en beter in staat zijn om symbolisch te denken, maar dat onze drang, onze instincten en onze sociale reflexen nog diep geworteld zijn in de savannes van Afrika, toen het leven nog kort, wreed en zeer eenvoudig was. Wij zijn primaten die geleerd hebben zichzelf mateloos te overschatten.

Gray heeft sterke argumenten – ook al kun je je bij de lectuur niet geheel aan de indruk onttrekken dat het werkelijk opzienbarend zinloos zou zijn dat soort argumenten uit te werken en in boeken te vereeuwigen als er toch niet zoiets als intelligente en verlichte mensen zouden zijn om ze te lezen. Misschien heeft Gray dus meer hoop dan hij toegeeft.

Steeds weer komt het mensbeeld van de verlichting intellectueel onder vuur te liggen, deels zeer terecht. Eén aspect is daarbij bijzonder gevaarlijk voor de liberale droom en zijn evangelie van de vooruitgang. Antropologen als Émile Durkheim en Claude Lévi-Strauss zijn bij hun onderzoek al tot de conclusie gekomen dat de vooruitgang een immense achilleshiel heeft: de voortdurende transformatie, het wegvagen van het oude, het verlaten van een vertrouwde wereld die snel daarna verwoest wordt, oefenen een enorme druk uit op mensen, die in de razendsnel veranderende wereld niet meer hun weg vinden, zich niet meer thuis voelen.

De liberale droom biedt slechts een zwakke identiteit. Hij maakt de mensen niet duidelijk wie ze zijn en waar ze bij horen, maar spreekt veel vager over waarden en verwachtingen; hij komt aanzetten met enquêtes en statistieken, terwijl mensen emoties en zekerheden willen; in plaats van duidelijk te verkondigen wie erbij hoort en wie niet, predikt hij openheid en tolerantie. In het Engels wordt die zwakte mooi uitgedrukt in de tegenstelling tussen *a sense of place* en *a sense of space*.

De liberale droom verschaft een *sense of space*, een gevoel dat de ruimte om je heen te beheersen en te veroveren is en dat zelfs de maan te koloniseren valt, maar hij kan niet meer dan een oppervlakkige *sense of place* bieden, het gevoel ergens bij te horen, op één plek thuis te zijn. De ideale burger van de liberale droom is een kosmopoliet die zich overal thuis voelt en in elke omgeving kan opbloeien, zolang zijn vrijheden en rechten gegarandeerd zijn. Dat is inderdaad een aantrekkelijk idee, maar het is de vraag voor hoeveel mensen in de samenleving dat ook interessant is.

Hoe ingrijpend de veranderingen kunnen zijn die een vooruitgangssamenleving oplegt aan haar inwoners, is duidelijk te zien aan de moeilijkheden die miljoenen mensen dagelijks ervaren als ze het platteland voor de stad verwisselen. Het leven in een grote metropool kan verleidelijk zijn, maar voor talloze mensen is het ook de enige mogelijkheid in hun levensonderhoud te voorzien. Of de eerste verblijfplaats in de grote stad een sloppenwijk aan de periferie is, een flatje in een buitenwijk, een klein pension of een studentenhuis – het contact met de geboortestreek, met het dorp, wordt misschien aanvankelijk nog intensief onderhouden, maar neemt daarna meestal af. Er wacht een nieuw leven, met nieuwe vrienden, nieuw werk, nieuwe ervaringen. Maar stedelingen kleden zich ook anders, eten anders, bewegen zich anders, spreken anders, hebben andere opvattingen, krijgen meestal minder kinderen, die dan wel al helemaal stedeling zullen zijn, kennen hun buren vaak niet, leven in snellere cycli en consumeren meer.

Het is verbazingwekkend hoe snel mensen zich aan die totaal andere stedelijke wereld kunnen aanpassen, maar het is ook begrijpelijk dat die noodzaak tot nostalgie leidt, die steeds meer heimwee naar een onaangetaste wereld wordt, een wereld zoals die nooit heeft bestaan. Omringd door schijnbaar onbegrensde mogelijkheden enerzijds en de harde realiteit anderzijds zoeken juist migranten naar zekerheden die hen aan hun geboortestreek doen denken. Veel mensen uit traditionele samenlevingen vinden die in de religie of in een vaak striktere levenswijze dan ze in hun geboortestreek kenden, maar voor de meeste mensen is de consumptie van merkproducten en media het middel om een nieuwe identiteit te vinden en hun nostalgie te commercialiseren.

In goede tijden, als de samenleving zich veilig voelt, is het gemakkelijk grote beslissingen over te laten aan 'die daar aan de top' en om identiteit en verbondenheid elders te vinden dan via de staat, misschien als fan van een voetbalclub of als consument van een bepaald merk. Maar als de sfeer omslaat, kan het noodlottig zijn dat de liberale droom ertoe geneigd is te handelen over de hoofden van de gewone mensen heen en dat hij niet sterk genoeg de boodschap overbrengt dat ze een gemeenschap vormen, dat ze erbij horen, dat ze reden hebben trots en vol hoop te zijn.

Ook tussen liberale en andere samenlevingen kan die reflex zeer problematisch zijn. De eerste voorstanders van de verlichting pleitten voor een mensbeeld dat begint met individuele rechten en vrijheden, ook al werd de idee van de menselijke gelijkheid in een samenleving waarin de adel een belangrijke rol speelde, niet alleen als duidelijk absurd, maar ook als gevaarlijk beschouwd. Tegenwoordig is die idee vervormd geraakt op een wijze waardoor de voorstanders op hun grenzen stuiten.

Universele mensenrechten zoals de denkers van de achttiende eeuw eisten, werden geformuleerd in een tijd dat over de miljoenvoudige migratie uit andere continenten niet eens als theoretische mogelijkheid gediscussieerd werd. Europeanen bevoeren de wereldzeeën om kolonies te stichten, handel te drijven en de planeet in kaart te brengen. Een grote volksverhuizing in tegenovergestelde richting was niet alleen onbekend, maar met de technische middelen en onder de politieke omstandigheden van die tijd ook ondenkbaar.

De globalisering, de smartphones, internet en goedkoop reizen hebben die situatie radicaal veranderd. Mensen in arme landen, in staten waar een burgeroorlog woedt, in staten die nauwelijks enige infrastructuur hebben, met een grote bevolkingstoename kampen of individuen concreet vervolgen, kunnen nu relatief eenvoudig de rijke wereld bereiken, mits hun familie genoeg geld heeft om een smokkelaar te betalen. Daarmee moet de kwestie van de universele mensenrechten op een nieuwe manier aan de orde worden gesteld, want ook de rijkste en stabielste landen kunnen maar een klein deel opnemen van het aantal mensen dat bij een overtocht overzee vaak zijn leven op het spel zet om bescherming of een beter leven te zoeken.

De liberale droom leeft van zijn openheid, van de fundamentele veronderstelling van de gelijkheid van alle mensen, van gelijke rechten en vrijheden voor iedereen. Maar wat gebeurt er als miljoenen mensen besluiten die rechten voor zichzelf op te eisen door van hun vrijheden gebruik te maken? De welvaart noch de infrastructuur noch de sociale rust in de rijke landen kan die honger naar een nieuw, zelfgekozen leven stillen, en tegelijkertijd ondermijnt de liberale droom zo zijn eigen rechtvaardiging.

Als er eenmaal twee klassen mensenrechten zijn ingevoerd waarin alle mensen gelijk zijn, maar enkele gelijker dan de anderen, is het louter een kwestie van tijd voor nieuwe groepen in de tweede, lagere categorie vallen. Iedereen is altijd wel deel van een minderheid die door iemand gehaat wordt, om zijn religieuze of etnische identiteit, zijn politieke overtuiging, zijn seksuele oriëntatie of gewoon omdat hij vreemd is, een bril draagt, lange haren of een kaal hoofd heeft, of er gevaarlijk uitziet. Mensenrechten moeten als ondeelbaar en universeel verdedigd worden, anders kwijnen ze weg als holle frasen.

Je huid verkopen

De idee van de markt, zo nauw vervlochten met de liberale droom, kwam in het verleden niet veel voor, maar in de tijd na de oorlog werden het liberale denken en de markteconomie het gedroomde bruidspaar van de politieke en economische theorieën, kennelijk op goede gronden.

De gedachte dat alle mensen gelijke rechten hebben, dat kennis beter is dan onwetendheid, dat mensen elkaar moeten tolereren, ook als ze van mening verschillen, werd op een markt geboren. Handelaren moeten pragmatisch zijn en niet ideologisch oordelen, ze hebben zakelijke informatie nodig die hen helpt bij hun oordeelsvorming, informatie waarop ze geld kunnen zetten zonder geruïneerd te worden. De eerste kranten ontstonden in de zestiende eeuw in handelscentra om kooplieden te informeren over wat er bij hun handelspartners gebeurde, welke investeringen betrouwbaar waren.

Ook de democratie is een voortbrengsel van de markt of van zijn voorganger uit de oudheid, de agora: de plek waar over politiek gesproken kon worden, waar burgers samenkwamen en samen besloten wat er gedaan moest worden. Daar werden coalities gevormd, redevoeringen gehouden, meningen veranderd en argumenten uitgewisseld. Die uitwisseling en die openheid van de publieke sfeer bepalen de vitaliteit en de kracht van een democratie. Democratieën hebben markten nodig. (Andersom niet. Markten hebben geen democratie nodig en zijn zeker geen garantie voor democratische rechten of een democratische praktijk.)

De liberale droom en de markt horen bij elkaar. De relatie die ze met elkaar hebben, bepaalt welke prioriteiten een samenleving stelt. De verlichters van de zeventiende en achttiende eeuw, die voor het eerst uitgebreid over die ideeën debatteerden, waren enthousiast over de mogelijkheden van de markt om sociale hiërarchieën te doorbreken, onwetendheid en bijgeloof weg te vagen, de voorkeur te geven aan empirische waarheden en zelfgekozen werk rechtvaardig te betalen. Ze leefden in protectionistische samenlevingen met gecontroleerde prijzen, gilden en vakbonden, functies die te koop waren, onbegrijpelijke rituelen, pesterige invoerrechten en endemische corruptie. Daarbij vergeleken leek de vrije markt voor velen van hen een antwoord op alle kwaden.

Toch waren vrije markten als concept iets heel anders dan wat wij tegenwoordig zo noemen. Markten moesten de samenleving dienen, innovatie en productie bevorderen, armoede bestrijden en concurrentie mogelijk maken, maar zelfs de radicaalsten onder de radicale denkers wilden de prijscontrole op brood niet afschaffen, want de controle op de graanprijs was een van de weinige effectieve belastingmiddelen waarover de staat beschikte om op marktschommelingen (bijvoorbeeld door droogte of een misoogst) te reageren en op die manier niet alleen hongersnood maar ook revoluties te verhinderen. Het leek onverantwoord met de broodprijzen ook het pure overleven van talloze mensen over te laten aan het spel der speculanten.

De vrije markt is nooit vrij geweest, er is altijd al behoefte geweest aan de bescherming van transacties door rechtbanken, wetten en politie, aan de inperking van mogelijke monopolies, aan de bescherming van handelaren en klanten tegen bedrog, aan een infrastructuur van straten en havens, scholen en ziekenhuizen. Een markt heeft een gemeenschap met bindende regels nodig, een staat om te kunnen functioneren, hij steunt op hulpbronnen en de welvaart van de staat. Dat was voor de Eerste Wereldoorlog ook de consensus in liberale kringen die in de staat een soort garantie zagen voor beschaafde verhoudingen en probleemloze transacties.

De liberale droom van de mensenrechten, de vrijheid en de ongehinderde uitwisseling van goederen en ideeën heeft althans in het Westen de naoorlogse periode bepaald, zij het dan wel in combinatie met een historisch trauma. Na 1945, na Auschwitz en Hiroshima, leek, althans in de westerse wereld, het opperste gebod ervoor te zorgen dat zo'n opzienbarende ineenstorting van de beschaving niet nog eens kon plaatsgrijpen. Voor Europa betekende dat sociale gerechtigheid, herverdeling, pacifisme, *soft power*, mensenrechten, bescherming van minderheden, sociale markteconomie, gereguleerde financiële markten, internationalisme en democratie – alles om de grillige situatie van een nieuw Weimar te voorkomen.

Naast haar functie als bolwerk tegen nieuwe revoluties gold de sociale markteconomie ook als de beste garantie tegen een Sovjet-Russische of communistische infiltratie. De arbeiders in kapitalistische landen hadden geen reëel bestaand socialisme nodig, samen namen werknemers en werkgevers besluiten over een rechtvaardige verdeling van de gezamenlijk gemaakte winsten. Vanuit markteconomisch perspectief is de ineenstorting van de Sovjet-Unie overigens ironisch genoeg een terugslag: die maakte een einde aan de concurrentie van de politieke maatschappijmodellen en maakte het de resterende monopolisten, het kapitalistische Westen, mogelijk zijn onvrijwillige klanten, de staatsburgers, een minder goede service tegen een hogere prijs te verkopen.

Nadat ze aan een nieuwe catastrofe, uitgaande van de beloften en dreigingen van twee messiaanse visies (fascisme en communisme), na de val van de Muur waren ontsnapt, hadden veel mensen in het rijke Westen geen behoefte meer aan grote ideologische wereldbeelden. Ze wilden zich op hun eigen leven concentreren, genieten van een ongekende periode van vrede en welvaart, een periode die in de ogen van veel economen en maatschappijwetenschappers in potentie eindeloos kon duren en de toekomst van de mensen volledig kon vullen.

De tijd van de grote ideologieën leek definitief voorbij. Er kwam een nieuw idee voor in de plaats, een idee van een verleidelijke eenvoud. De samenleving bestaat uit mensen die interactief zijn, handelen, bieden en aannemen. De resultaten van die interacties zijn in cijfers uit te drukken en zijn deel van de markt die de hele samenleving omvat. Wie die cijfers kan interpreteren, heeft de sleutel tot de wereld in handen – voor zijn persoonlijke en voor de algemene rijkdom. Elk sociaal probleem, elke onrechtvaardigheid en elke politieke veldslag is te kwantificeren. Ze zijn het resultaat van overheidsbemoeienis met de krachten van de markt, die ongelijkheden door prijsdruk en innovatie wegwerken, als ze maar de vrije hand hebben.

Die idee van een markt niet als motor van de maatschappelijke ontwikkeling maar als maatschappij, een staat die op rolletjes moet lopen als een goed geleide onderneming, was voor de kinderen van de economische groei intuïtief vanzelfsprekend. Margaret Thatcher en Ronald Reagan, geflankeerd door intellectuele grootheden uit alle disciplines, verkondigden dat de staat het probleem was en de markt het antwoord. Thatcher benadrukte dat gevoel met haar beroemde zin: '*There is no such thing as society*.'

De gevolgen van dat beleid hoef ik hier niet uit te leggen – de privatiseringen die heel weinig mensen heel rijk hebben gemaakt, terwijl in bijna alle gevallen de kwaliteit van de dienstverlening, van de elektriciteitsvoorziening tot en met het treinverkeer, dramatisch instortte, de deregulering van de financiële markten en van de industrie, en in Groot-Brittannië het einde van de enorme macht van de vakbonden. De volgende generatie politici – Tony Blair, Gerhard Schröder, Bill Clinton – kwam van links, maar zette het beleid van privatisering en de vrijemarkteconomie voort. De fascinatie van het marktdenken strekte zich over het gehele politieke spectrum uit en was misschien wel de eerste indicatie voor de latere ineenstorting van het traditionele partijlandschap, die weliswaar nog twee decennia op zich zou laten wachten, maar die zich toen met een onvoorstelbare snelheid voltrok.

De markt schiep zijn eigen werkelijkheid, waarin alleen nog consumenten en economische actoren waren, waarin alles, inclusief scholen en universiteiten, ziekenhuizen, gevangenissen, bussen en de burgerlijke stand, op winst georiënteerd kon en wilde zijn, waarin concurrentie het hoogste principe van alle menselijke activiteiten was. In een fase van de industriële ontwikkeling waarin de fabrieken en mijnen in Europa verdwenen en daarmee ook het verband tussen de zware industrie, de vakbonden en het gemeenschappelijk overeengekomen economische beleid, leek de markt inderdaad de oplossing voor veel problemen te bieden.

Terwijl er vroeger taaie onderhandelingen werden gevoerd tussen vakbonden en werkgevers, zou de markt de arbeid nu efficiënt verdelen en overal, volgens Joseph Schumpeter, voor 'creatieve vernietiging' en innovatie zorgen. Zo zou de economie helemaal vanzelf geschikt gemaakt worden voor het tijdperk van de digitale start-ups en de mondiale concurrentie. Tegelijkertijd zou die concurrentie tussen aanbieders niet alleen goederen, maar ook diensten als opvoeding en opleiding, veiligheid, transport en infrastructuur gegarandeerd beter en goedkoper maken.

In veel landen in de westerse wereld werd de liberale droom bijna geheel geannexeerd door dat marktfundamentalisme. De Verenigde Staten hadden al in de jaren vijftig met de Russisch-Amerikaanse schrijfster Ayn Rand een boegbeeld van de liberale markt gehad, wier roman *Atlas Shrugged*, in miljoenen exemplaren verkocht, bewonderend vertelt over een wereld waarin alleen de sterksten overleven. Na de val van de Muur vonden die ideeën ook in Europa ingang. De markt leek de ideale, zuivere en onideologische oplossing voor een historische nalatenschap die vergiftigd was door de erfenis van het Sovjetcommunisme en verschillende soorten fascisme en dictatuur. De markt is onpartijdig en onpolitiek; cijfers liegen niet en zijn geen lid van een politieke partij.

Zoals ik in het vorige hoofdstuk al aangegeven heb, gaat die visie op de markt vooral mank aan het feit dat ze niets met de werkelijkheid van doen heeft. De ervaring leert dat 'klanten' die bijvoorbeeld de trein moeten nemen, of strafgevangenen of scholieren, maar heel weinig mogelijkheden hebben vrij te kiezen. De concurrentie blijkt vaak een illusie, terwijl de winsten voor de commerciële aanbieders heel reëel zijn. In veel gevallen gaat het om de facto monopolies van bedrijven die zich internationaal bijvoorbeeld op het beheer van gevangenissen hebben gespecialiseerd. Ze voelen de innovatiedruk door de concurrentie niet, want een bedrijf dat eenmaal een bepaalde omvang heeft bereikt, kan elke opkomende concurrentie verstikken of gewoon opkopen.

Voor de veelgeplaagde consument manifesteert die neiging van de markt tot monopolievorming, die niet overal door een mededingingsautoriteit effectief wordt verhinderd, zich vooral doordat er enerzijds verwarrend veel zinloos aanbod is die een vrije keuze suggereert, en doordat het anderzijds in feite slechts gaat om de keuze tussen Apple en Microsoft, tussen Nike en Adidas en enkele andere *global players*. Het gaat niet om echte beslissingen (bijvoorbeeld de beslissing om het spel van de oneindige markt helemaal niet mee te spelen en naar alternatieven te zoeken), maar om beslissingssimulaties in een gecontroleerde en gestuurde aankoopsituatie, voorbereid door eindeloos veel reclame en suggestie.

Voor de mensen die zich onderaan in die economische keten bevinden, doet zich een andere werkelijkheid voor die door de Amerikaanse auteur Gore Vidal ooit eens is omschreven als 'de sociale staat voor de rijken en vrije concurrentie voor de armen'. Wie tegenwoordig bijvoorbeeld werkt bij een schoonmaakbedrijf in een overheidsgebouw, werkt waarschijnlijk voor een onderaannemer en wordt zelf als zzp'er aangesteld, wat alleen maar betekent dat de contractpartner (vroeger: werkgever) zijn onderaannemer (vroeger: werknemer) niet hoeft te verzekeren en het contract op elk moment kan opzeggen (vroeger: hem ontslaan). Maar hij is zeker geen onderdeel meer van een instelling waar hij lang werkt of waarop hij trots kan zijn, geen onderdeel meer van een gemeenschap van arbeiders.

Die manier om de markt bij elke kwestie te laten beslissen, is er niet alleen verantwoordelijk voor dat bijvoorbeeld in de Verenigde Staten de lonen van eenvoudige maar ook van beter opgeleide arbeiders sinds de jaren zeventig stagneren; ze zorgt ook voor existentiële onzekerheid, en is een belediging van de trots en de intelligentie van arbeiders, die heel goed begrijpen dat ze geen ondernemer zijn die voor zijn vrijheid een bepaald risico moet dragen, maar dat ze zijn gedegradeerd tot loonslaven wier keuzevrijheid minimaal is en die in ruil daarvoor alle risico's mogen dragen en direct kunnen worden ontslagen.

Zo veroorzaakt de zogenaamde vrije markt een even schizofrene druk als het paradijs van de consumptie. Enerzijds brengen beide de boodschap over dat het individu heilig is, onaantastbaar en in het volle bezit van zijn vrijheid en rechten, dat iedere mens *amazing* is en dat elke mening telt, dat hij iets moet kopen omdat hij het waard is, omdat hij zichzelf verder niets gunt; anderzijds zijn ze beide onmenselijk efficiënt om de mens diets te maken dat hij ontoereikend is, dat hij zich te weinig inspant, dat hij zijn best moet doen het nieuwe model te kopen en nog een diploma te halen, en fit te zijn voor de arbeidsmarkt, waarvan de cynische eisen hem nooit kunnen bevredigen.

Zo bezien creëert de liberale droom obsessieve narcisten, die als reflectiemateriaal dienen voor de markt van de consumptierituelen en hun eigen populariteit (ook die is met followers en likes kwantificeerbaar geworden), terwijl ze elke minuut moeten vrezen voor hun eigen val. Maar de liberale droom schept ook een groeiend aantal mensen dat, ergens tussen een slecht betaalde en onzekere onderaannemersbaan in of gedeeltelijk of geheel door de staat gesubsidieerd, geen toegang heeft tot de transformatieve consumptie, tot de enige gelukzaligheid die de markt te bieden heeft. Helemaal onderaan in die hiërarchie – en op veilige afstand van de ogen van westerse consumenten – creëert die markt een mondiaal leger van slaven, ploeterend in het verborgene, zonder ooit iets te merken van de zegeningen van de mensenrechten die in de westerse landen steeds weer bezwerend worden opgeroepen.

De invoering van die rabiate markteconomie heeft diepe sporen nagelaten, niet alleen in hoogontwikkelde landen die hun eigen industrie hebben verminderd en de mondiale markt op gingen, maar ook in zich ontwikkelende economieën, die op plaatselijke en vaak traditionele beschermingsmechanismen vertrouwden om bijvoorbeeld boeren die alleen produceerden voor hun eigen behoefte en voor de plaatselijke dorpsmarkt te beschermen tegen de goedkope producten van de wereldmarkt. Niet alleen de economie maar ook de maatschappelijke structuren werden aan het wankelen gebracht en moesten een nieuw evenwicht zoeken – temeer daar de marktdoctrine volgens welke de klant de vrije keuze heeft tussen verschillende producten, niet voor staten geldt, tenzij er genoeg geld in het spel is. Het grote aantal migranten en de overal tegen hen en tegen illegalen georganiseerde afweermaatregelen tonen ondubbelzinnig aan dat keuzes van consumenten niet van toepassing zijn zodra het om het lidmaatschap van een samenleving gaat.

Het marktfundamentalisme, dat de liberale droom geherinterpreteerd en in zekere zin geannexeerd heeft, had echter niet alleen gevolgen voor ecosystemen en economieën – het heeft ook de debatten en de terminologie geheel geëconomiseerd. Vanuit economisch perspectief zijn individuen in de eerste plaats consumenten en daarna pas burgers. Die consumenten hebben als belangrijkste kenmerk dat ze toegang tot kredieten hebben, dat ze geld kunnen uitgeven. Dat geeft hun contractuele rechten als ze iets kopen. Maar in ruil voor die rechten zijn ze (zoals in elke morele orde) ook iets schuldig. In die context is dat echter geen respect voor ouderen, hulp voor zwakken of dienstbaarheid aan de gemeenschap, maar een duidelijk zichtbaar bedrag, rechtsonder op het afschrift van de creditcard.

Leden van een samenleving zijn met elkaar verbonden, zijn elkaar iets schuldig, anders was er geen samenleving. In de ontwikkelde landen is die verplichting veranderd in consumentenschulden. De *sightseer* die in flipflops en een T-shirt naar een concert slentert, en de vrouw die in de metro via haar mobieltje luid vertelt hoe haar arbeidsdag is verlopen, zijn hun medemensen geen consideratie verschuldigd, ook al omdat ze de rente op hun werkelijke schulden maandelijks betalen, ze hun deel van het maatschappelijk contract al hebben voldaan, en nu kunnen doen en laten wat ze willen.

De morele en religieuze elementen van het marktfundamentalisme met zijn adoratie van de markten, in welke toestand die zich ook bevinden (bezorgd, gedeprimeerd, nerveus, robuust, optimistisch), zijn al vaak beschreven, evenals zijn profeten, die hun orakels op ons beeldscherm uitleggen, en ook de transcendentie van de consumptie en de stamidentiteit van de merken. Net als elke andere religie kan de religie van *bull and bear* alleen floreren als ze wordt geënt op wat ooit is geweest. Net zoals veel oude kerken op de fundamenten van nog oudere heidense heiligdommen staan en feesten als Kerstmis te danken zijn aan religieuze tradities van de bekeerde of onderworpen Romeinen en Germanen, heeft ook de droom van de absolute markt het vocabulaire van een oudere wereldvisie in zich opgezogen en met nieuwe inhoud gevuld. Die oudere wereldvisie is de verlichting.

De verlichting als parodie

Het is verbazingwekkend te zien wat er in de context van de verabsoluteerde markt terechtkomt van de ideeën van de verlichting, die een vast bestanddeel van de theorieën van die markt zijn. Bij het een zowel als het ander zijn mensen rationeel, ligt hun heil in de ratio, beide zijn universalistisch en tolerant, beide gaan ervan uit dat mensen vanaf de geboorte met vrijheden en rechten zijn toegerust, beide kijken optimistisch naar de toekomst, die beter, rechtvaardiger en welvarender zal zijn.

Het allesbeslissende kleine verschil komt aan de oppervlakte als die gedachten uit de context van de filosofische debatten worden gehaald en overgebracht naar de economische theorie, waarbij ze hun kwalitatieve aspecten verliezen.

Alleen wat telbaar is, bestaat ook, alles laat zich kwantificeren, mits je alleen maar de juiste parameters kiest. De oplossing van alle problemen is te berekenen en statistisch weer te geven, mits ze gebaseerd is op winstgevendheid en groei.

Zo wordt de rationaliteit van de verlichting de rationalisering van de markt, zo wordt de vrijheid van de mens een *consumer choice*, zo wordt het universalisme van de mensenrechten mondiale vrijhandel en de onbeperkte reikwijdte van een VISA-creditkaart, de tolerantie wordt 'Over smaak valt te twisten', de mensenrechten worden consumentenrechten, het optimisme van de verlichters wordt de utopische creatie van een liberale en mondiale markt zonder handelsbarrières, en het fetisjisme van *innovation and productivity*. Zo is ook het succes van een samenleving weer te geven in het bruto binnenlands product. Het goede leven ligt in de groei van de economie.

Dan is uiteindelijk het punt bereikt waarop de liberale droom in zijn historische grootheid verkommerd is tot statistiek. Dan is uiteindelijk ook de rand van de afgrond in zicht waarop het marktfundamentalisme de rijke landen en daarmee alle continenten laat afstormen. Zolang markten, die ook staten zijn, moeten groeien om niet door hun eigen schulden te worden ingehaald, zo lang zullen ze ondanks alle inspanningen tot hervorming steeds vraatzuchtiger worden, steeds meer delen van de natuurlijke hulpbronnen en de biodiversiteit verwoesten, de klimaatverandering en de mondiale migratie versnellen en hun eigen businessmodel, hun eigen levensfundament, verder ondermijnen.

Zoals al eerder uiteengezet, waren de overheersende denkers van de verlichting vaak voorstanders van een elitaire regering om de bevolking te kunnen controleren en te manipuleren, en om hun arbeid productief te kunnen blijven maken. Juist liberale regeringen uit de twintigste en eenentwintigste eeuw hebben die instelling veelal overgenomen. Met die gedachte in het achterhoofd is het fascinerend zich voor te stellen hoe dat principe zal veranderen zodra een groot deel van de bevolking geen productieve arbeid meer verricht of moet verrichten omdat de economie hen niet meer nodig heeft.

De snelle groei van het toezicht, al dan niet van overheidswege, en van de opslag van persoonlijke gegevens van allerlei aard is enerzijds een poging van liberale democratieën om hun eigen veiligheid te verdedigen. Anderzijds is het verzamelen en verwerken al lang een economisch product en een miljardenmarkt geworden waarvan de omvang maar moeilijk te bevatten valt. Mensen, zo blijkt, zijn niet alleen onderdanen, burgers of consumenten, het zijn ook datastromen die binnengehaald, verzameld en verhandeld kunnen worden.

Als datastroom is een individu vooral deel van een groter patroon dat zich net zo gedraagt als andere eenheden binnen het patroon. De determinanten zijn sociaaleconomisch, etnisch en religieus van aard. Wie in Los Angeles een huis zoekt, kan bijvoorbeeld toegang kopen tot een databank met behulp waarvan hij een uitgebreide analyse van de huishoudens in de buurt van een interessant object krijgt, inclusief de etnische herkomst, het inkomen, de religie, het aantal gezinsleden en mogelijke veroordelingen en faillissementen, alles met één muisklik.

Talrijke activisten wijzen erop dat de commerciële verwerking van persoonlijke data de individuele vrijheid drastisch beknot en dat er niets anders overblijft dan een schijnbeeld van vrijheid, waarin consumenten zich kunnen bewegen en waarin hun eigen behoeften, hun voorliefdes en hun meningen voortdurend versterkt weerspiegeld worden – het precieze tegendeel dus van Kants beroemde definitie van de verlichting als het 'afscheid van de onmondigheid door eigen schuld'.

Het is steeds weer de huichelarij van de liberale droom die aanvankelijke bewonderaars ervan tegen de borst stuit. Hij predikt bevrijding, maar bewerkstelligt onvrijheid voor miljoenen en narrenvrijheid voor gokkers; hij benadrukt rechten en de heerschappij van de wet, maar die wetten zijn meestal op de hand van de machtigen; hij predikt bevrijding en rechtvaardigt slavernij; hij belooft nieuwe kansen en schept onzekerheid; hij belooft een opening naar de wereld en bouwt overal muren.

Wat de zogenaamde vrije markt als actuele belichaming van de liberale droom betreft, moet deze lijst nog worden aangevuld: hij beloofde door het neutrale mechanisme van de markt een onideologische en onbetwiste oplossing voor alle problemen te zullen bieden, maar is zelf zo ideologisch en zo doortrokken van absurde aannames en ontoelaatbare versimpelingen, dat hij functioneert als een religie, samengelapt uit verkeerd begrepen verlichting en amper verteerde christelijke theologie. Dat is historisch en filosofisch fascinerend, maar wetenschappelijk waardeloos en maatschappelijk explosief.

—

Ondanks de zwaktes en de tegenstrijdigheden van de liberale droom en ondanks de overduidelijke onrechtvaardigheden die de geschiedenis ervan even opvallend kenmerken als de historische verworvenheden, is de liberale droom nog niet uitgedroomd. Aanhangers ervan zijn niet alleen rijke mensen in machtige landen die geïnteresseerd zijn in het behoud van hun status en de verdediging van hun privileges, maar ook armere mensen die de status quo willen veranderen en de discussie over de verlichting nieuw leven willen inblazen. Doodgewaanden leven langer – maar de vitaliteit van de idee van tolerantie, vrijheid en gelijkheid kan vooral verklaard worden uit het feit dat ze meer is dan een aanleiding tot winstmaximalisatie.

Oorspronkelijk was de idee van de vrije markt een middel tot emancipatie om aristocratische heerschappij en religieus bijgeloof achter zich te laten. Het markeerde niets minder dan een nieuwe manier om mens te zijn. In een mondiale situatie waarin hele samenlevingen ertoe gedwongen worden hun economie en hun maatschappij binnen zeer korte tijd radicaal nieuw te concipiëren, zal die intellectuele moed, die enorme salto van het voorstellingsvermogen, weer noodzakelijk zijn.

Om in dat proces een constructieve rol te spelen en niet geheel en al een regelingsmechanisme van een gedigitaliseerde oligarchie te worden, zal veel, misschien wel alles, afhangen van de vraag of de liberale droom de emancipatorische energie kan herwinnen die het hem al eenmaal mogelijk heeft gemaakt de wereld nieuw uit te vinden.

De vesting

De autoritaire droom en zijn vaders

Als je de liberale droom bekijkt door de ogen van de critici, moet je constateren dat hij wordt ondermijnd door zijn eigen geschiedenis. Vanuit dat perspectief lijkt hij naïef of cynisch. Maar de tegenwoordig machtigste tegenbeweging ervan laat zich slechts zelden discursief horen in boeken of programmatische essays en toespraken. Ze kiest vaak andere strategieën om haar boodschap te verkondigen. Via sociale media en verspreide communicatie spreekt ze haar aanhangers direct en met weinig woorden aan. Net als de liberale droom heeft ze overal op de wereld haar aanhangers. Als het beeld van de liberale droom de markt is, dan is het beeld van de tegenbeweging de vesting, en de droom die haar bewonderaars en volgelingen dromen is autoritair.

Hoe ziet die autoritaire droom er voor de aanhangers uit, en welke doelen hebben zij? Een lange monoloog die Stephen Bannon, de tot voor kort belangrijkste strateeg van de vijfenveertigste president van de Verenigde Staten in 2014 per videoverbinding gaf tijdens een bijeenkomst van de Dignitas Humanae Institute in het Vaticaan, werpt enig licht op het denken in de vesting. In zijn informele rede beschreef Bannon de historische uitdagingen zoals hij ze zag, en hij ontwierp een scenario voor de nabije toekomst. Zijn even verrassende als schokkende visie heeft veel gemeen met de in het vorige hoofdstuk beschreven kritiek.

De wereld, zegt Bannon, verkeert in een enorme crisis, die vooral de joods-christelijke wereld aangaat, een crisis 'van onze kerk, een crisis van ons geloof, een crisis van het Westen, een crisis van het kapitalisme'. Intern is het de strijd van dat Westen tegen het atheïsme, naar buiten toe is het 'islamitische fascisme' de grote vijand. Samen willen ze alles vernietigen 'wat we in de laatste 2000 of 2500 jaar hebben geërfd'.

Die crisis wordt ook veroorzaakt doordat het kapitalisme verwijderd is geraakt van zijn verlichte en 'joods-christelijke wortels' en verworden is tot een casinokapitalisme, staatskapitalisme of een extreem liberalisme à la Ayn Rand. Die vorm van kapitalisme 'maakt van mensen handelswaar, objectiveert mensen' en geeft hun tegelijkertijd de illusie dat ze vrij zijn.

De financiële crisis van 2008 heeft veel mensen de ogen geopend: hebzucht is de eigenlijke drijfveer van de economie, en politici en concerns spelen onder één hoedje. De gewone mensen merken niets van de zegeningen van het kapitalisme.

Maar het eigenlijke grote gevaar, waar een steeds verder geseculariseerd Westen niet meer tegen opgewassen is, is het 'jihadistische islamitische fascisme', dat 'zich sneller uitzaait dan regeringen erop kunnen reageren'. Misschien dat veel mensen het liever willen ontkennen, maar 'er broeit een grote oorlog, die nu al mondiaal is [...], en met de huidige technologie, de huidige media, de huidige toegang tot massavernietigingswapens zal dat conflict ongehoorde, bijna apocalyptische proporties aannemen'.

Alleen een nieuwe bezinning op de moraal van het Westen kan de ramp nog voorkomen. Christelijke kapitalisten moeten zich afvragen of zij de welvaart die zij oogsten ook werkelijk verdienen en of ze maatschappelijk niet geëngageerder zouden moeten zijn. Die morele herstart is gebaseerd op een mondiale beweging, een 'populistische centrumrechtse beweging van de middenklasse, werkende mannen en vrouwen die het zat zijn zich iets te laten voorschrijven door de Partij van Davos'.

Die 'mondiale Tea Party' heeft gezamenlijke belangen en overeenkomende principes, enerzijds de afwijzing van een gecentraliseerde, verre regering, of die nu in Washington of in Brussel zit, en anderzijds, bij sociale vraagstukken, 'de stem van de anti-abortusbeweging, de stem van het traditionele huwelijk'. Het is een mondiale opstand, van Latijns-Amerika tot India.

Een van de exponenten van die mondiale opstand, de Russische president Vladimir Poetin, wordt door Bannon speciaal op het schild geheven. Op dit punt maakt het voormalige hoofd van de nieuwssite *Breitbart News* een onverwachte tournure. Hij zegt dat Poetin een adviseur heeft die zijn Julius Evola gelezen heeft, een van de auteurs die 'aanhangers van de traditionalistische beweging' waren waaruit in Italië het fascisme is voortgekomen. Evola, een rassentheoreticus, een fanatieke antisemiet en vertegenwoordiger van een zelfbenoemde geestelijke adel, was inderdaad een van de theoretici van het fascisme, hoewel hij zelf geen lid is geworden van de beweging en zich er spoedig van gedistantieerd heeft. In die context tekent Bannon ook aan dat Poetin 'traditionele instellingen' ondersteunt, en probeert 'dat met een vorm van nationalisme te doen'. Mensen in veel landen willen weer echte soevereiniteit zien, ze willen nationalisme.

Aan het eind van zijn rede vindt Bannon nogmaals enkele sterke beelden, vooral als het om de rol van de media bij het komende conflict gaat: 'Het is eenvoudig om aan onze lage instincten toe te geven, maar dat mogen we niet. Onze voorvaderen hebben dat ook niet gedaan. Ze slaagden erin zich ertegen te verzetten, ze overwonnen ze, en ze lieten ons een kerk en een samenleving na die voor de mensheid waarlijk een bloeitijd betekenden, en daarom geloof ik dat we allemaal [...] diep moeten nadenken over de rol die we in de komende strijd moeten spelen.'

Het 'joods-christelijke Westen' is verwikkeld in een allesbeslissende veldslag tegen het atheïsme en het islamitische fascisme. Dat is een slotsom die telkens onder ietwat andere omstandigheden instemming zou kunnen vinden bij diverse, op het oog geheel verschillende nationale bewegingen en hun leiders, van Vladimir Poetin en zijn intensief gekoesterde band met de orthodoxe kerk (ook al vindt hij tegelijkertijd het Westen decadent), de Indiase premier Narendra Modi en zijn politiek explosieve hindoenationalisme, de islamitisch-conservatieve Turkse president Recep Tayyip Erdoğan, die zijn land enerzijds wil islamiseren en die anderzijds islamistische terroristen bestrijdt en bestrijden moet, rechts-populistische bewegingen en partijen in Europa, die eveneens aldoor bezwerend 'joods-christelijke waarden' oproepen, tot en met de ideologische exponenten van de islamitische terreur.

De heilige familie

Een dergelijke coalitie zou ook instemmen met Bannons afwijzing van abortus en 'niet-traditionele' familiemodellen (en daarmee ook van seksuele identiteiten) en met een verdedigingswal om de kern van de westelijke waarden heen. Bannons opvatting dat een atheïstische en daarom immorele cultuur zichzelf door excessieve morele laksheid zou verzwakken en dan geen enkel verweer meer zou hebben tegen opgehitste islamitische strijders werd door Michel Houellebecq in *Onderworpen* zeer aanschouwelijk tot een roman verwerkt die meteen een bestseller werd, waarschijnlijk ook omdat het boek de angsten van de lezers weerspiegelt. Ook andere conservatieve intellectuelen en politici – en al lang niet meer alleen helemaal ter rechterzijde – vertegenwoordigen vaak dat standpunt.

Juist in Frankrijk, dat traditioneel grote waarde hecht aan zijn seculaire samenleving, is die strijd verrassend heftig ontbrand, deels ongetwijfeld aangewakkerd door de verslaggeving uit de overwegend door Noord-Afrikaanse migranten van de tweede of de derde generatie bewoonde banlieues en door de angst voor meer terroristische aanslagen. Het Front National breidt zijn strijd om de aandacht in de publieke opinie ook uit naar de vraag wat de betekenis van religie in de samenleving is, naar de 'traditionele seksualiteit' en naar abortus, en bij een protestmars tegen het huwelijk voor homoseksuelen kwamen in 2016 tienduizenden Fransen op de been om volgens eigen zeggen de heiligheid van het huwelijk en de joods-christelijke waarden te verdedigen.

Die verdediging van het huwelijk en de deugdzaamheid neemt meestal de vorm aan van een eerherstel van de traditionele rol van de vrouw. In Turkije mogen vrouwen, ook in het leger – dat de schutspatroon is van het streng seculiere kemalisme – weer een hoofddoek dragen en ze worden door de regering openlijk aangemoedigd meer kinderen te krijgen. In Polen werd een wet die abortus strafbaar moest stellen alleen verhinderd doordat er massaal openlijk protest tegen werd aangetekend, terwijl een Poolse vertegenwoordiger in het Europees Parlement liet weten dat vrouwen minder zouden moeten verdienen dan mannen, omdat ze minder intelligent zijn en bovendien niet zoveel werk kunnen verzetten. Ook in andere Europese landen vertegenwoordigen nationalistisch-populistische partijen openlijk een politiek die het traditionele gezin in het middelpunt plaatst en zich ten doel stelt vrouwen zogenaamd nadrukkelijk te beschermen.

De propagandisten van de autoritaire houding willen het ongeboren leven en de waardigheid van de vrouw beschermen, een zeer patriarchale reflex. Tegelijkertijd zijn ze er zeker van dat vrouwen minder waard zijn dan mannen, onmondig en hulpbehoevend, objecten voor mannelijk gebruik. '*You can grab them by the pussy.*'

De bouw van de muur

Niet alleen vrouwen en gezinnen, het huwelijk en het ongeboren leven moeten beschermd worden, de hele nationale gemeenschap, het oorspronkelijke volk, moet verdedigd worden tegen buitenlandse en binnenlandse vijanden. De eerste, de buitenlandse vijanden, worden door diverse nationale bewegingen op zijn minst op het oog zeer verschillend gedefinieerd.

In Europa en de Verenigde Staten is het voornamelijk de islam die voor de poorten staat; in Rusland zijn het de islam en de westerse decadentie; in Turkije de valse islam en het secularisme; voor Indiase hindoenationalisten zijn het moslims van welke snit dan ook; op de Filipijnen ligt de nadruk op de corruptie van de bevolking door westerse drugs en westerse zeden; in Japan maakt de sterker wordende nationale beweging de door geld bezeten zelfvergetelheid verantwoordelijk voor de morele neergang van de samenleving; de terroristen van IS proberen op hun beurt hun kalifaat te zuiveren van westerse corruptie en de smaad van de kruistochten teniet te doen; en nationaal-orthodoxe joodse kolonisators in de Palestijnse gebieden zien zichzelf als laatste bastion van het godgevallige leven in een wereld van corrupte politici en Arabische halsafsnijders.

Die visies hebben veel meer overeenkomsten dan verschillen. De mondiale conservatieve opstand ziet het als zijn missie om begaan onrecht ongedaan te maken en de natuurlijke orde der dingen te herstellen. Een groot deel van de aanhangers en de toonaangevende denkers is er vast van overtuigd dat het tegenwoordige mondiale politieke en economische systeem niet hervormd kan worden. Het werd door grootkapitalisten en bankiers ten eigen bate geperverteerd, met actieve steun van de liberale (westerse) middenklasse, de elites en de door hen gecontroleerde propagandamachinerie; hun leugens moeten versluieren dat ze zelf aan de tepels van het kapitaal zuigen.

Zoals de politicoloog Jan-Werner Müller benadrukt, slaat daar het hart van het nationalistische populisme, dat er aanspraak op maakt als enige namens het ware volk te spreken. 'Wij zijn het ware volk,' verkondigde president Erdoğan bijvoorbeeld tijdens een verkiezingsbijeenkomst, en hij voegde er aan het adres van zijn critici aan toe: 'En wie zijn jullie eigenlijk?' Er is er maar één die het ware volk kan vertegenwoordigen en zijn wil kan kennen, een wil die door de liberale elites onderdrukt en bespot wordt. De protagonisten van de autoritaire droom weten dat zij het ware volk representeren en dat iedereen die het niet met hen eens is, impliciet een verrader is, niet bij de volksaard past, en decadent, omgekocht en verdorven is.

Het gevaar vanuit het buitenland wordt door dat binnenlandse gevaar nog versterkt, temeer daar de binnenlandse vijanden bezig zijn de ziel van land en volk uit te rukken en door een geglobaliseerde zombieziel te vervangen, die vrije mensen tot lijfeigenen van het mondiale kapitalisme maakt.

Vooral na 1968 hebben de liberale elites, door Bannon gekenschetst als nihilistische atheïsten, de traditionele partijen en media geïnfiltreerd, de universiteiten zo goed als overgenomen, de geschiedenis herschreven, traditionele ideeën over waarden belachelijk gemaakt en de maatschappelijke orde aangetast. In de postkoloniale context wordt dat vijandbeeld vervangen door westerse invloeden en inheemse elites, die ze op onwaardige wijze overnemen.

Ingaan tegen de liberale waarden en de dictatuur van de betweters, zo wordt verder gezegd, is bijna onmogelijk, want ze hebben nieuwe woordaanduidingen ingevoerd en zelfs bestaande woorden nieuw gedefinieerd. Wie een woord gebruikt dat nog maar kortgeleden heel normaal was, geldt nu als racist en potentiële verkrachter. Elke uiting van onvrede wordt direct en met morele verontwaardiging gezien als vooroordeel en kwezelarij, het verwijt van racisme of seksisme ligt altijd op de loer, een hoogst efficiënte taalpolitie.

Zo schept de autoritaire droom zijn alternatieve feiten en is zijn eigen taal vrij van *political correctness*, vrij van liberale leugens over klimaatverandering. De wetenschap kan zich ook vergissen, kan propaganda zijn. Door internet kan die boodschap de heerschappij van de gevestigde media breken en zich eindelijk gehoor verschaffen. Zogenaamde feiten worden met grote scepsis bekeken, per slot van rekening zijn de experts die ze aanleveren zelf deel van de elite. *Bildung* wordt er meteen van verdacht gewone mensen uit te sluiten en een instrument van de macht te zijn. Er is een terroristische groepering die van haar vijandigheid jegens Bildung zelfs haar naam gemaakt heeft: Boko Haram – boeken zijn onrein.

Maar het openbare leven wordt gedomineerd door de decadente elite. Intussen groeien hele generaties kinderen op met volkomen verkeerde morele voorstellingen en weten ze niet meer hoe een traditioneel gezin eruitziet. Het volk is in ontbinding – van binnenuit en van buitenaf. De migratie naar de rijke landen is deel van een grote uitwisselingsstrategie, de traditionele autochtone bewoners van de steden worden door criminele migranten en internationale elites steeds meer vanuit het centrum naar de periferie verdreven, ze voelen zich niet meer thuis in hun eigen wijk. Tegelijkertijd eisen de internationale, met elkaar in verbinding staande elites openheid, flexibiliteit en tolerantie. Dat kunnen zij zich veroorloven. Steeds meer van die elites leven in andere stadsdelen, in veel landen zelfs in bewaakte gebouwen en *gated communities*. Ze leven ver verwijderd van de sociale werkelijkheid.

Voor Bannon, die zijn carrière als bankier bij Goldman Sachs begon voordat hij naar Hollywood ging, heeft het mondiale kapitalisme geen geheimen. Hij weet hoe vooral Ayn Rands evangelie van de heerlijke onbarmhartigheid en de commercialisering van mensen door een zielloos marktmechanisme verwoestende sporen kan nalaten in de Amerikaanse samenleving en in individuen. Schuld is het feit dat het kapitalisme zijn joods-christelijke, ethische wortels is vergeten en is verworden tot louter geldmachine.

Dat is ook een gevolg van de globalisering, die eerlijke arbeiders van hun bestaan berooft en de miljonairs (tot wie Bannon overigens zelf ook behoort) nog rijker maakt. Ze is het bewijs dat het systeem door en door corrupt is: verliezen worden op de belastingbetaler afgewenteld, zoals bij de redding van de banken is gebleken, de winsten stromen in de zakken van de superrijken. De geglobaliseerde economie heeft voor hun geld talrijke schuilhoeken en lucratieve investeringen paraat, terwijl ze voor de gewone burgers alleen maar betekent dat hun banen in gevaar zijn, hun lonen stagneren en steeds meer immigranten niet alleen banen inpikken, maar ook nog eens aanspraak op royale staatssteun maken en tradities en religieuze overtuigingen meebrengen die niet te verenigen zijn met joods-christelijke waarden.

Vooral door de blindheid en het cynisme van de liberale elites wordt die situatie acuut gevaarlijk. Op zeker moment zullen de eerste steden in Europa – misschien in Frankrijk of in België – de sharia uitroepen, vrouwen stenigen en afvalligen op het marktplein onthoofden. Nu al domineren hun minaretten de skyline van veel stadsdelen, en de aanhoudende terroristische provocaties in Europese steden scheppen een klimaat van angst en haat. Niemand hoeft zich te verbazen als er op zeker moment onlusten uitbreken, er zijn al politici die het over toekomstige burgeroorlogen in Europa hebben.

Wat is dan wel de oplossing in die schijnbaar uitzichtloze situatie, waarin het eigen volk van zijn cultuur wordt beroofd en niet alleen moreel in de war is, maar ook nog eens door de macht van de getallen zelfs etnisch en linguïstisch een minderheid in eigen land wordt? Hoe kan het volk beschermd worden tegen zijn biologische, culturele en spirituele vernietiging?

Het antwoord is eenvoudig, het werd tijdens de Amerikaanse presidentsverkiezingen telkens weer gescandeerd: '*Build that wall!*' Alleen achter een muur, een hek, een diepe sloot, een oceaan ben je veilig voor de invasie, voor de barbaarse horden, die actief proberen het eigen volk te vernietigen of alleen al door hun aanwezigheid aan die vernietiging bijdragen.

Pas als de muur huizenhoog is en de grenzen dicht zijn, is het ergste gevaar bezworen. Als het voor die tijd nog niet gekomen is tot de door Bannon voorspelde apocalyptische oorlog, kan de zuivering van het land en het volk beginnen en kan de samenleving weer gebaseerd worden op natuurlijke, gezonde, traditionele waarden.

Dat zal niet zonder conflicten kunnen, argumenteren aanhangers van de conservatieve opstand. Vooral de invloed van de islam moet teruggedrongen worden. In diverse landen wordt al gediscussieerd over een verbod op de Koran, net als over een verbod op hoofddoekjes. Europese landen als Polen en Tsjechië weigeren vluchtelingen op te nemen die moslim zijn, de Verenigde Staten laten mensen uit een aantal islamitische landen niet binnen en bereiden de uitzetting van miljoenen illegale en overwegend niet-blanke migranten voor. Als de fase van de grote zuivering afgesloten is, zijn de liberale elites aan de beurt.

Doel van die opstand is niet anders dan een vernieuwing van het volk, van de samenleving of, in Bannons woorden tijdens de CPAC-conferentie in 2017 (een bijeenkomst van conservatieve activisten), 'economisch nationalisme' en de 'afbraak van de administratieve staat'. Alleen als het liberale systeem met wortel en tak wordt uitgeroeid, kan er weer een echte volksgemeenschap groeien. In Europa richt de haat van Bannons medestrijders zich vooral tegen de EU, de perfecte vertegenwoordiger van een ver van de burgers afstaande, bureaucratisch-despotische liberale staat, die geen verbinding met enig volk heeft en die moet worden vernietigd.

Democratie is bruikbaar voor dat heilige doel, indien ze inderdaad de macht van het (ware) volk is, maar de liberale media maken dat bijna onmogelijk. Daarom is een herbezinning op het grondbeginsel van de democratie belangrijk: het volksreferendum, de *vox populi*, zonder inmenging van de elites. Om die gezonde democratie mogelijk te maken, moeten bepaalde liberale vrijheden – de obsessie van ontwikkelde stedelingen – op zijn minst voorlopig worden gekortwiekt. Als bijvoorbeeld de persvrijheid alleen maar wordt misbruikt om liberale leugens te verspreiden, moet ze beperkt worden. Als het recht op vrije meningsuiting zo ontaardt dat homoseksualiteit als een natuurlijke manier van leven wordt gepropageerd, is het dringend noodzakelijk haar binnen de perken te houden, zoals in Rusland, waar 'homoseksuele propaganda' strafrechtelijk wordt vervolgd.

De autoritaire droom, de droom van de vesting, richt zich expliciet tegen de verlichting. Denkers als de door Bannon geciteerde Julius Evola en andere protofascistische auteurs, zoals de eveneens door hem gewaardeerde Fransman Charles Maurras, de stichter van het katholieke nationalisme, droegen vurig het standpunt uit dat de verlichting een kwaadaardige, joods-maçonnieke uitvinding is met als doel de trotse, vrije christenen van Europa politiek en economisch te onderwerpen en cultureel te ondermijnen.

In het kielzog van die denkers creëren intellectuele exponenten van de conservatieve opstand, zoals de expliciet racistische en nationaal-mystieke Russische politicoloog en adviseur van het Kremlin Aleksandr Doegin, een schril contrast tussen de verlichting en hun eigen ideeën. Terwijl de verlichting rationaliteit vraagt, is voor de autoritaire droom de authenticiteit belangrijker; tegenover het universalisme staat een vastberaden nationalisme; de tolerantie wordt een verlangen naar nationale identiteit en afbakening; waar de verlichting een grenzeloze wereldgemeenschap wil, trekt de autoritaire droom zich terug binnen de nationale gemeenschap. Terwijl de verlichting tijdens een groot deel van haar geschiedenis de vooruitgang tot fetisj verhief, probeert de autoritaire droom een ideaal verleden nieuw leven in te blazen. Socioloog Zygmunt Bauman noemde dat heel elegant een 'retrotopie'.

In de retrotopie zal elk volk dat wijs genoeg was om die weg te kiezen, zijn soevereiniteit herwinnen en in overeenstemming met zijn traditie en zijn culturele identiteit handelen. Het zal een echte gemeenschap zijn, die het individu verbondenheid en geborgenheid biedt, een leven in harmonie met Gods wil, de culturele traditie, de wetten van de menselijke natuur. De mensen zullen eindelijk hun land en de controle over hun leven terugkrijgen. Maar voordat ze die ideale situatie bereiken, moeten ze vechten tegen liberale elites, neokoloniale invloeden, geglobaliseerde industrieën, hebzuchtige oligarchen, fanatieke islamisten, tegen alle moslims of alle ongelovigen, tegen de leugenachtige pers, de volksvijanden, de roofdieren, de decadentie. Het wordt een groots gevecht. De strijdkrachten worden nu al overal uitgebreid.

De crisis van de begrippen

Elk van de in deze schets aangevoerde argumenten komt uit de mond of de pen van een rechts-populistische of nationalistische politicus, journalist of academicus. Daarbij wordt niet alleen duidelijk waarom de autoritaire ideeën zo aantrekkelijk kunnen zijn, maar ook waarom de gevestigde politieke en culturele kringen daartegenover zo lang verlamd waren. Oude aanduidingen en politieke tegenstellingen als rechts en links, religieus en seculair, rijke wereld en arme wereld, liberaal en sociaal, conservatief en progressief zijn bijna betekenisloos geworden en falen volkomen als ze grip willen krijgen op die mondiale beweging.

De autoritaire droom verbindt elementen van rechts en links, zoals historisch gezien ook het fascisme en het (niet voor niets zo genoemde) nationaalsocialisme hebben gedaan: terwijl de nationalistische en racistische elementen van dat denken eerder toegeschreven worden aan rechts, behoren de vaak zeer genereuze sociale programma's bijvoorbeeld in Polen en Hongarije en de keynesiaanse investeringen in de infrastructuur zoals daar nu in Amerika over gediscussieerd wordt, eigenlijk tot het klassieke repertoire van links, waaraan ook de kritiek op het kapitalisme is ontleend.

Dit nieuwe politieke mengsel leidt, zoals Ljoedmila Oelitskaja opmerkte, tot een 'crisis van de begrippen', waarin niemand meer weet wat er bedoeld wordt en niemand meer woorden heeft om te beschrijven wat er gebeurt. Daar komt bij dat de zelfverklaarde opstandelingen geleerd hebben van de liberale elites. Ze bestrijden de liberale woordaanduidingen door ze te negeren, te schenden en te ondermijnen.

Als een Amerikaanse presidentskandidaat over zijn seksuele aberraties opschept en de bewoners van een buurland drugsdealers en verkrachters noemt, beledigt hij daarmee geen vrouwen en Mexicanen, maar steekt hij zijn middelvinger op naar het verontwaardigde liberale establishment – tot extase van zijn aanhangers, die te geïntimideerd waren om publiekelijk hetzelfde te doen. Als de Russische president beweert dat de Russische soldaten op de Krim geen Russische soldaten waren of dat ze er vakantie hielden, dan verwacht hij niet dat hij wordt geloofd, hij wil veeleer dat feiten irrelevant worden. Hij liegt om 'macht te demonsteren over de waarheid zelf', zoals de journaliste Masha Gessen over hem noteerde.

De historische parallel met het fascisme dringt zich op, maar is niet per se verhelderend, temeer niet daar de autoritaire droom in verschillende contexten andere vormen kan aannemen. Allereerst de overeenkomsten: het *völkische* element van die nostalgie en de idee van een terugkeer naar een heroïsch, door de vernietigingskracht van de moderniteit onaangetast tijdperk van nationale onafhankelijkheid en culturele en etnische zuiverheid spreken een geheel fascistische taal, zoals ook het bezwerend oproepen van een eindstrijd. Enkele auteurs, en Bannon is een van hen, maar ook de theoretici van de islamitische revolutie, ontwikkelen het apocalyptische scenario van een historische slag, die alleen de getrouwen na grote offers zegerijk kunnen overleven.

Ook andere structurele overeenkomsten zijn duidelijk herkenbaar: de (meer of minder uitgesproken) leiderscultus bijvoorbeeld, die zich in het geval van rechts-populistische bewegingen manifesteert door de concentratie op één persoon aan de top, de mobilisering van de massa (tegenwoordig vooral via internet), het doodverven van een buitenlandse en een binnenlandse vijand alsook de aard van die vijand – namelijk, om de terminologie van de nazi's te gebruiken, *Untermenschen* enerzijds en het ontwortelde internationale kapitaal (Goebbels) anderzijds, respectievelijk de donkerhuidige migranten, wier cultuur gewoon anders is – en het 'internationalistische kapitalisme van de corporaties' (Bannon). Dat alles verbindt de profeten van de vesting ook met het fascisme. Maar de keuze van de vijanden benadrukt niet alleen een historische maar ook een andere en veel belangrijkere band.

In de jaren 1930 zou het vanzelfsprekend zijn geweest de joden te zien als de gedoodverfde vijand nummer één van alle fascistische bewegingen, terwijl dat bij hun autoritaire tegenvoeters van tegenwoordig slechts zelden het geval is (zij het bij de islamitische vertegenwoordigers voortdurend). Tot de huidige vijanden behoren, afgezien van de Untermenschen, altijd liberale globalisten, corrupte elites en liegende media.

Een andere, ditmaal niet ideologische connectie tussen vestingdenken en fascisme leidt ons naar een ander spoor en maakt wellicht een beter begrip mogelijk. De kiezers die deze bewegingen hebben gesteund en steunen, zijn ondanks de twee generaties ertussenin sociologisch gezien verbazingwekkend identiek. De kiezers van fascistische leidersfiguren in de jaren 1930 in Europa en in de jaren 2010 in heel de wereld komen over het algemeen niet uit de kringen van de allerarmsten of van de stedelijke middenklasse. In de Verenigde Staten, Europa, Rusland en Turkije komen de aanhangers van de revolutie uit de kleine burgerij en de vroegere, nu in de dienstverlening werkzame en theoretisch tot de middenklasse behorende arbeiders, een opkomende, bangelijke klasse.

De bewonderaars van de autoritaire revolutie hebben iets te verliezen en ze ervaren dat mogelijke verlies als een direct gevaar. Het zijn geen neoliberalen, geen globalisten – de globalisering en de internationale banken die met geen enkel volk verbonden zijn, hebben hun hun banen gekost, hebben de migratie gebracht en het land veranderd en gecorrumpeerd.

Fascisme, historisch duidelijk beschreven en gedefinieerd, wordt een volstrekt zinloos woord als het willekeurig wordt toegepast op elke nationaal-populistische beweging, temeer daar bij de autoritaire droom ook motieven een rol spelen die verschillen van die van het historisch fascisme. De autoritaire droom wil bijvoorbeeld geen standenstaat en is niet militaristisch en hiërarchisch georganiseerd. Niet iedereen die op een verkiezingsbijeenkomst slogans schreeuwt, is een fascist, niet iedere leider een Hitler – alleen Hitler was Hitler.

Tegelijkertijd duiden de parallellen met het fascisme op een interessante familiegelijkenis. Het is veel constructiever om het nationaalpopulisme niet als een soort fascisme te zien, maar te erkennen dat beide uit hetzelfde hout gesneden zijn. Als je die stam tot in de wortels volgt, wordt er een groter fenomeen zichtbaar: de opstand tegen de alles vermorzelende moderniteit.

De stem van de natuur

Die opstand is in feite een zuster van de verlichting en begint met een verbitterde strijd tussen twee broederlijke vrienden, Jean-Jacques Rousseau en Denis Diderot. In die jarenlange discussie raakten persoonlijke en intellectuele kwesties verstrengeld, maar ze brachten er Rousseau toe de verlichte idealen van zijn vrienden te gaan wantrouwen. De beschaving, de grote stad en de onderdrukking van alle mensen horen bij elkaar, argumenteerde hij, de verlichting bevrijdt niet, maar verwijdert de samenleving met haar gecultiveerde complexiteit alleen maar verder van haar oorspronkelijke deugdzaamheid en brengt haar tegelijkertijd tot slavernij door mode, maatschappelijke erkenning en loonarbeid. De kille rationaliteit van de filosofen verstikt de edele gevoelens en de vrijheid van de natuur in de kiem.

Rousseaus kritiek op de verlichting was origineler en machtiger dan de reactionaire kletspraat van de tegenverlichters, die vaak gefinancierd werden door de Kerk of de geheime politie. Ze legde de vinger op een open wond van het verlichte denken – het geweld dat inherent is aan elke idee van collectieve transformatie en aan de vooruitgangsidee. Tegelijkertijd was Rousseau een begenadigd stilist, en de romans waarin hij zijn haat jegens zijn tijd en zijn verlangen naar een betere wereld dramatiseerde, werden bestsellers en cultboeken, die in elk ontwikkeld huishouden in Europa en Amerika gelezen en besproken werden. Zo werd de schrijver de schutspatroon van de beschavingskritiek, van de romantiek, later van de milieubeweging en van het protest van de beweging van '68.

Deze korte reeks voorvaderen is niet volledig. Ook Robespierre, Lenin, Stalin en Pol Pot vereerden de filosoof uit Genève, wat de vraag opwerpt wat ze zagen in een romanticus en natuurapostel die hartstochtelijk over de vrijheid van de mens en het leven volgens de natuur geschreven had. Zoals altijd ligt het antwoord in een van zijn meest geliefde en meest geciteerde werken, *Het maatschappelijk verdrag*, waarvan de argumentatie ongeveer als volgt luidt.

De mens is van nature goed noch slecht, zijn omstandigheden maken hem tot wie hij is. Ingekapseld in een gemeenschap kan hij zijn gewelddadige instincten in toom houden en zo streven naar het goede, waarheen de natuur hem leidt en dat zich manifesteert als de Algemene Wil (*volonté générale*) van de gemeenschap. Maar de stem van de natuur en de natuurlijke moraal wordt overstemd door het gesnater van de samenleving, het getier van de verschillende partijen en het gebulder van de politieke macht. Zo verliezen de door de beschaving verwekelijkte mensen in complexe samenlevingen hun morele kompas en worden decadent, boosaardig en leeg. De Algemene Wil wordt de verkeerde kant op gestuurd.

Die situatie is alleen tegen te gaan door een wijze wetgever, die de leiding over de samenleving op zich neemt, de stem van de natuur nog duidelijk kan horen, de verwarde individuen aanvoert en hun weer een heldere oriëntatie geeft, zodat ze in harmonie met de natuur kunnen leven. Om een samenleving te stichten wordt een staatsreligie vastgelegd, waarvan de rituelen de individuen tot een geheel samensmeden. Om te verhinderen dat het volk misleid wordt door perverse ideeën, regeert de wijze wetgever met behulp van censuur, verbanning van de ophitsers van het volk, een geheime politie die hem informatie verschaft, en in het geval alle andere middelen zijn uitgeput executie van degenen die niet willen luisteren. Zo, en alleen zo, kan een samenleving in overeenstemming met de Algemene Wil het leven terugvinden dat de natuur van oudsher voor haar heeft gedecreteerd.

Die grondige afwijzing van liberale en universele waarden, van de verlichte ratio, de pluraliteit, de tolerantie en in het algemeen het leven in de steden vond sterke weerklank bij hele generaties lezers die aan den lijve de ontworteling en ook de vernietigende kracht van de industrialisering ervoeren en zich vaak inderdaad beroofd voelden van elke morele oriëntatie. Bovendien bood die houding een echt alternatief voor de religieuze conservatieven en de rationalistische verlichters, wier argumenten de debatten bepaalden.

Het was een opstandige houding, waarvan de sexappeal was dat ze de debatten van de industriële revolutie en van de verlichting van meet af aan als vooringenomen en decadent diskwalificeerde, in de vaste overtuiging alleen in het bezit van de waarheid te zijn, die door de stem van de natuur tot hen sprak. Een debat was niet meer mogelijk en ook niet meer gewenst: anders dan de markt met zijn voortdurende gesnater van diverse meningen vertegenwoordigden Rousseau en zijn discipelen een absolute, diepe waarheid – en als je daaraan twijfelde, kon dat al een teken van decadentie of ketterij zijn.

Rousseau werd de heimelijke ster van allen die zich als opstandelingen tegen het corrupte establishment beschouwden, maar vooral van hen die zichzelf in de rol van de wijze wetgever en de hoeder van de Algemene Wil zagen. Die interpretatie, die uiteindelijk inhoudt dat Rousseau het scenario en de rechtvaardiging van het stalinisme leverde, mag dan te wijten zijn aan een verkeerde of eendimensionale lezing van zijn werk, maar ondanks de indruk dat zijn stijl naïef en spontaan is, vijlde de schrijver aan elke zin en elk woord om het grootst mogelijke retorische effect te bereiken. Een denker uit de achttiende eeuw kon zich niet voorstellen welke nachtmerries door de technologieën van de twintigste eeuw werkelijkheid zouden worden, maar Rousseau was ongetwijfeld een enorm invloedrijk en stilistisch briljant theoreticus van de autocratische samenleving, van de terugkeer naar de natuurtoestand, van de heerschappij van een wijze leider, van de gestuurde en via de media gemanipuleerde volksdemocratie en van de infrastructuur van repressieve middelen die nodig zijn om het behoud van de macht veilig te stellen.

Naar huidige medische inzichten was Rousseau bovendien zeer waarschijnlijk paranoïde. Nadat hij de middelbare leeftijd had bereikt en ondanks zijn literaire successen ontevreden over zijn leven was, verliet hij Parijs en trok naar het platteland, waar hij in een klein huis woonde dat een vriendin hem in haar park ter beschikking had gesteld. Daar schreef hij. Hij meende voortdurend achtervolgd te worden, legde elk vriendschappelijk gebaar uit als een aanval op hem, dacht het slachtoffer van uitgebreide samenzweringen te zijn en brak met iedereen die hem wilde helpen, vaak door hen in het openbaar in een kwaad daglicht te stellen.

Die paranoïde reactie is ook in Rousseaus teksten terug te vinden en smelt daar samen met een andere, soortgelijke invloed: de obsessieve religieuze twijfels en seksuele schuldgevoelens van de auteur. De imaginaire wereld van Rousseau is religieus geladen en slaat bij elke aanraking vonken. Terwijl zijn vroegere vriend Diderot als uitgever van de *Encyclopédie* aan een van de grootste wetenschappelijke verlichtingsprojecten werkte (een project waarvan Rousseau aanvankelijk de muzikale expert was geweest), had Rousseau zich van de wereld afgekeerd, omdat hij haar diep verdorven vond.

Rousseaus eenzame opstand tegen de beginnende moderniteit – de hoofdstad met haar elegante genootschappen, de drukke straten en markten, de salons, waarin hij zich steeds minder thuis voelde, maar ook de hele geciviliseerde wereld met al haar verworvenheden – was meer dan een persoonlijke houding. Die opstand kon inspirerend werken via elk verkocht exemplaar van zijn boeken, en daarin zit het effect ervan: het was een opstand tegen de moderniteit, zij het met de middelen van de moderniteit. Rousseau volstond er niet mee zich op het platteland terug te trekken en daar ver weg van de decadente wereld te leven – hij communiceerde voortdurend en met gebruikmaking van de modernste informatietechnologie van zijn tijd, de boekdrukkunst.

Net als een islamitische terrorist via een mobiele telefoon een bom laat ontploffen en een video van zijn daad op internet zet om zo naar de ideale wereld van de zevende eeuw terug te keren, zocht de vader van de conservatieve revolutie niet alleen zo veel mogelijk publiciteit voor zijn ideeën, hij deed het met behulp van het meest efficiënte massamedium van zijn tijd, en hij was daarbij ook nog eens innovatief, doordat hij in zijn literaire wereld, die geheel gericht was op de ratio, zijn aandacht indringend vestigde op zijn eigen hartstochten en gemoedstoestanden. Hij emotionaliseerde zijn boodschap. Daarbij loog hij vaak over details uit zijn leven. Als de boeken eenmaal waren gedrukt en het verhaal de harten van de lezers roerde en hun toorn deed opwellen, waren zakelijke spitsvondigheden onbeduidend geworden. Als de rusteloze narcist en apocalypticus Rousseau in onze tijd regelmatig zijn medicijnen had geslikt, zou hij wellicht uitgever van een rechtse nieuwssite zijn geworden.

De opstand tegen de moderniteit kanaliseert sociale angsten en giet ze in een manicheïstisch schema van goed en kwaad, licht en donker. Het is de verandering zelf die wordt afgewezen, de sociale en politieke bijwerkingen van de technologische vooruitgang. De opstand wilde de goederenstroom van de globalisering zonder de mensenstroom, de technologische innovatie van de wetenschap zonder de ongemakkelijke feiten ervan; het is tekenend dat Bannon in zijn videoboodschap in het Vaticaan onder de gevaren van de toekomst de klimaatverandering niet één keer heeft genoemd. De moderniteit moet getemd worden, moet zorgen voor welvaart zonder maatschappelijke verandering. Men wil terug naar tijden waarin er nog een natuurlijke orde heerste, waarin we zelf nog konden beslissen, waarin ons land en onze straten nog van ons waren, waarin er nog fatsoen was, waarin de elites zich niet op kosten van de anderen verrijkten en hen ook nog minachtten.

Die sociale anatomie van de opstand is historisch opmerkelijk stabiel. Het is het verzet van de *petits bourgeois*, de mensen die net een of twee stapjes over de drempel van de armoede heen zijn, die hun onzekere positie in hun botten voelen. Daar ligt ook de parallel met de opkomst van de fascistische bewegingen in het Europa van na de Eerste Wereldoorlog: ook zij werden gekozen door een alliantie van angstige kleinburgers, gedesillusioneerde en vooral werkloze industriearbeiders en conservatieven van het platteland.

De rechts-radicalen vertoonden al een opmerkelijke paradoxale instelling jegens de industriële moderniteit. Ze maakten bij hun propagandafilms en hun grandioze massaensceneringen gebruik van de modernste technologie, zoals niemand dat vóór hen had gekund, ze waren trots op de wederopbouw van hun industrie, de Volkswagen en de spreekwoordelijke autosnelwegen – en toch was de kern van hun ideologie een radicale kritiek op de beschaving, die de verantwoordelijken voor de decadentie van het ooit zo trotse volk duidelijk aanwees: een ontwortelde moderniteit in de vorm van het internationale grootkapitaal (de joden dus), de media (wederom de joden), de kosmopolitische culturele elite (nogmaals de joden), het dictaat van Versailles (een nationale vernedering, waarbij de joden slechts indirect betrokken waren) en de horden met Untermenschen (Oost-Europese joden ja, maar ook, aflopend, alles wat niet 'raszuiver' was en niet bij het volk hoorde).

De joden werden het doel van de nationaalsocialistische haatpropaganda, omdat ze duidelijk werden geassocieerd met de transformatieve krachten van de moderniteit. In de propaganda werd hun opkomst in de samenleving na het verkrijgen van volledige burgerrechten (in Oostenrijk-Hongarije in 1867) geïdentificeerd met verstedelijking, industrialisering, vernietiging van eenvoudige manieren van leven en het verdorven leven in de steden.

De huidige antimoderne opstand heeft het antisemitisme niet meer nodig, ook al hangt er een kwalijke geur om enkele van zijn vertegenwoordigers. Het antisemitisme is tegenwoordig meer een particuliere hobby, rechtse populisten uit heel Europa bezoeken de gedenkplaats Yad Vashem en tonen zich bewogen. Met uitzondering van islamitische autoritaire bewegingen, die hun virulente antisemitisme rechtvaardigen met een beroep op het bestaan van de staat Israël en daarmee op een imperialistische vernedering van de Arabische wereld, is de vijand aller vijanden van de moderniteit een andere geworden, of liever gezegd, een verzameling anderen, afhankelijk van de geopolitieke situatie en de gevoeligheden van het collectieve historische geheugen.

De motor van de rechtse opstand was de haat van de kleine burgerman, die zag hoe de moderniteit in de vorm van industriële massaproductie en massacultuur niet alleen een gevaar was voor zijn broodwinning als winkelier, kleine handwerker, lage ambtenaar of onbemiddelde leraar, maar ook zijn tradities en gewoonten verwoestte en geen respect had voor zijn werk. De motor van de tegenwoordige opstand is vermoedelijk dezelfde combinatie van angst en haat, maar de politieke en vooral de technologische situatie is anders dan in de jaren 1930. De digitalisering vormt in de directe toekomst en in combinatie met praktijken als outsourcing en onderaannemerscontracten ook een gevaar voor banen en levenswijzen hoger op de maatschappelijke ladder, tot diep in de burgerij.

De coalitie van de mensen die een opstand tegen de moderniteit willen, is breder geworden. Ze bestaat potentieel uit allen die het gevoel hebben dat 'het systeem' zich tegen hen heeft gekeerd, dat met eerlijke arbeid niets meer te bereiken valt, dat hun werk niet meer van nut is, dat de gemaakte winsten in te weinig zakken verdwijnen, dat de verandering veel te snel gaat.

Toen rechtse regimes na de Eerste Wereldoorlog Europa veranderden in een landschap van dictaturen, hadden de mensen door wie ze waren gekozen dikwijls niet alleen geen werk, maar ook geen spaargeld, geen perspectief – en steeds vaker niets te eten. De samenlevingen in onze tijd zijn veel welvarender dan toen. Maar zoals de vroegere bankier Stephen Bannon maar al te goed weet, worden mondiale financiële markten vandaag de dag weer gedereguleerd, en het niveau van de volstrekt onveilige speculaties is in 2017 veel hoger dan in 2007. De weg naar de mondiale republiek van Weimar loopt via een nieuwe beurskrach.

Hersenschimmen

De op vrijheid gerichte orde leeft bij de gratie van culturele en mentale vooronderstellingen die ze zelf niet kan garanderen.

RENÉ SCHEU, *Neue Zürcher Zeitung*

De beknopte vergelijking van de beide ideologische families waartussen de debatten in onze tijd worden gevoerd, toont niet alleen de nutteloosheid van oude politieke begrippen aan (en daarmee misschien ook het gebrek aan toekomst voor de partijen die met die begrippen versmolten zijn), ze maakt ook duidelijk dat de idee van de samenleving als markt noch de idee van de samenleving als vesting democratisch hoeft te zijn of schatplichtig aan de kernideeën van de verlichting. Niet alleen een volksgemeenschap achter een hoge muur, maar ook een absolute markt in een wereld waarin alleen het kapitaal geen grenzen kent, heeft de neiging mensenrechten te minachten, vrijheden te beknotten, gelijkheid te ondermijnen en broederschap afhankelijk te maken van het bezit van een geboorteakte respectievelijk een creditcard.

De politicoloog Yascha Mounk beschrijft het dilemma als een tegenstelling tussen een 'niet-liberale democratie' (aldus Viktor Orbán over zijn politieke model) enerzijds en 'ondemocratisch liberalisme' anderzijds. Tegenover de autoritaire, gestuurde verkiezingsdemocratie, waardoor ook autocraten zich graag regelmatig in hun ambt laten bevestigen, staat de heerschappij van de elites, de door niemand gekozen en niet-herkiesbare experts, die achter gesloten deuren werken. 'De mensen hebben genoeg van experts,' luidde de onvergetelijke uitspraak van de Britse politicus en Brexit-aanhanger Michael Gove, en in zekere zin had hij gelijk.

Yascha Mounk doet onderzoek in Harvard in de Verenigde Staten, een land dat zichzelf veranderd heeft in een politiek laboratorium. Hij houdt zich bezig met het denken over democratie en stelt enorme veranderingen vast. Steeds meer mensen in democratische landen zijn er steeds minder van overtuigd dat democratie de beste staatsvorm voor hen is. Tot nu toe bestond er consensus over dat die 'democratische consolidering', waarbij een staat het gehele democratische apparaat ontwikkelt, een eenrichtingsweg was. Maar in de praktijk valt de consolidering van de democratie eerst in het Westen en daarna wereldwijd samen met de enorme economische opbloei van na oorlog, met de ontwikkeling van de consumptiemaatschappij en met de schijnbaar eindeloze beschikbaarheid van goedkope aardolie.

Er zijn geen empirische gegevens over het lot van liberale democratieën in een lang aanhoudende economische crisis, als de economische groei verstoord wordt of zelfs in zijn tegendeel verkeert. Democratische samenlevingen waren in het verleden stabiel 'omdat ze in staat waren de kiezers te overtuigen van hun voordelen'. Maar wat gebeurt er 'als veel burgers niet meer geloven dat dit regeringssysteem erg legitiem is en zo ver gaan steun te betuigen aan autoritaire machtsvormen'?

De mogelijkheid van een liberale, op mensenrechten gebaseerde democratie is afhankelijk van de vraag of een voldoende grote meerderheid van de burgers zichzelf en hun belangen kan identificeren met die idealen. De antropoloog en terrorismeonderzoeker Scott Atran brengt de gedachte veel pregnanter onder woorden: 'Democratie is net zo fictioneel als welke religie ook.'

Een gemeenschappelijke fictie

Democratie is geen natuurtoestand, geen historische noodzaak. Integendeel, ze is in zeer hoge mate onnatuurlijk en toevallig. Het is een hele klus haar te behouden.

Liberale democratieën met een algemeen, vrij en gelijk kiesrecht hebben (afgezien van enkele uitzonderingen in de pionierssamenlevingen in de late negentiende eeuw) hun eerste optreden voor het voetlicht van de geschiedenis pas in de periode na de Tweede Wereldoorlog. In Frankrijk bijvoorbeeld kregen vrouwen pas stemrecht in 1947, en in Zwitserland in 1971 (al hield het kanton Appenzell nog tot 1992 vol). In landen als Griekenland, Portugal en Spanje werd de democratie laat ingevoerd, in Oost-Europa pas na 1989, in Rusland misschien nooit echt; oude Afro-Amerikanen in de Verenigde Staten en de Aboriginals in Australië kunnen zich nog persoonlijk de tijd herinneren dat ze nog geen volledige burgerrechten hadden.

Het is de oude Hegel die het zicht op dat feit verspert, en achter hem de Bijbel. De vooruitgangsgedachte heeft zich vastgezet in hersens en historische werken, de onstuitbare weg van de revoluties naar de volledige bevrijding van de mens. Je zou die geschiedenis ook heel anders kunnen vertellen, als die van een species bijvoorbeeld die zichzelf en zijn organisatievormen kan aanpassen aan de omstandigheden, die in een tijd van groeiende, op aardolie drijvende economie en een toenemende bevolking zo welvarend werd dat ze de markt tot centrale metafoor verhief en zich hulde in een op regels gebaseerde, democratische structuur.

Die alternatieve geschiedenis riekt naar petroleum en helemaal niet naar humanistische idealen. De vooruitgangsidee zit ons diep in de botten. Maar wat als John Gray gelijk heeft en wij nog steeds dezelfde apen zijn als enkele duizenden generaties geleden, alleen met veel groter en gevaarlijker speelgoed? Liberale samenlevingen zijn niet het doel en het eindpunt van de geschiedenis. Ze markeren een overgang van een verleden dat in onze versie een logische ontwikkeling is naar een toekomst waarvan we nog niet weten welke vorm die zal aannemen, maar waarvan de fundamenten al lang gelegd zijn of door ons gelegd worden.

Liberale democratieën in de volle betekenis van het woord zijn van zeer recente datum en er zijn er maar heel weinig van. In de laatste jaren is het aantal gedaald. Maar ook in de rijke, hoogontwikkelde landen hebben ze als samenlevingsmodel dramatisch veel aan geloofwaardigheid ingeboet.

Tegelijkertijd wordt de coalitie van mensen die een autoritair alternatief zouden steunen steeds groter, zoals ik in het vorige hoofdstuk beschreven heb. In een aantal door Yascha Mounk geanalyseerde enquêtes werd mensen van verschillende leeftijden in verschillende democratische landen gevraagd hoe belangrijk het voor hen is om in een democratie te leven. Terwijl ongeveer drie kwart van de oudere mensen in Engeland, Frankrijk, Australië, Nederland en de Verenigde Staten antwoordde dat het voor hen zeer belangrijk is, lag het aantal positieve antwoorden bij mensen onder de dertig jaar nog maar bij ongeveer één kwart, al week het regionaal af. Voor mensen die de alternatieven niet aan den lijve hebben ervaren, verliest de democratie dramatisch aan geloofwaardigheid.

En toch is intussen voor veel mensen in rijke landen de democratie met haar instellingen en publieke cultuur even normaal als water uit de kraan. Ze hebben nog nooit in een ander soort samenleving geleefd en kunnen zich nauwelijks voorstellen hoe dat zou zijn, het blijft een vaag abstract idee. Een aan den lijve ervaren normaal leven kan intellectueel een valstrik zijn, als je instinctief gaat aannemen dat de dingen zo zijn omdat ze zo moeten zijn, en niet omdat ze toevallig zo gegroeid zijn en ook weer anders kunnen worden. De waterkraan functioneert alleen zolang niemand de watertoevoer dichtdraait.

Wat gebeurt er dus als de democratie in de kern niets anders is dan een geheel verzonnen en contrafactisch verhaal dat een samenleving over zichzelf vertelt en dat in de vorm van wetten, rechtsoordelen en houdingen een werkelijkheid schept – wat gebeurt er dus als niet meer voldoende mensen in die samenleving bereid zijn dat verhaal te geloven?

Tegenwoordig gaan veel mensen er als vanzelfsprekend van uit dat denkers en samenlevingen in andere culturen en andere historische perioden slechts gedeeltelijk rationeel of verlicht zijn geweest, dat hun denken stadia voorstelt op zoek naar de waarheid, een zoektocht die in onze tijd pas afgerond is. Misschien is het analytisch vruchtbaarder het tegendeel aan te nemen. Wat als veel denkers in de geschiedenis, die democratie voor onmogelijk, gelijkheid voor absurd en vrijheid voor een illusie hebben gehouden – wat als ze gelijk zouden hebben gehad? Wat zou er gebeuren, om nauwkeuriger te zijn, als de democratie een afwijking in de geschiedenis van de beschavingen zou zijn, geen historische noodzaak, maar een gewaagd experiment met een open einde?

Het begin van dat experiment ligt in de debatten in de verlichtingstijd en in sociale omstandigheden die vooral de stedelingen in de zeventiende eeuw aanleiding gaven een oude vraag opnieuw te stellen. Die vraag luidt: wie hoort er bij ons? Wie kan deel van onze samenleving zijn? Ook in de beroemde Atheense democratie, die in de vierde eeuw voor het begin van onze jaartelling ongeveer zeventig jaar heeft bestaan, mochten alleen Atheense, vrijgeboren mannen kiezen, wat niet alleen de vrouwen uitsloot, maar ook vreemdelingen, onvrij geborenen en slaven, het grootste deel van de stadsbevolking dus.

Dat soort beperkingen van een kiezersvolk vereenvoudigen het democratische proces, maar ze belemmeren op den duur de ontwikkeling, vooral als de betreffende samenleving een handelsnatie is, waarvan de groeiende welvaart en arbeidsmogelijkheden buitenstaanders aantrekken. Hun de toegang tot de democratische gedeelde macht ontzeggen, wordt in toenemende mate als onrechtvaardig gevoeld en leidt tot sociale conflicten. Hun die toegang verlenen en dus volwaardige burgers van hen maken, heeft onvermijdelijk veranderingen tot gevolg, die op hun beurt nostalgische afwijzing van de kant van de oude inwoners tot gevolg hebben. Er bestaat geen eenvoudige mogelijkheid die dynamiek te verhinderen, ze is inherent aan het proces en kan hoogstens door onderhandelingen en compromissen minder conflictueus worden gemaakt – vooral als alle leden in dat proces reden hebben te veronderstellen dat ze een gemeenschappelijke toekomst hebben, dat de compromissen de moeite waard zijn, omdat de som van hun voordelen groter is dan die van de nadelen.

Ook de neergang van het klassieke Rome werd door zo'n dynamiek versneld. Het geniale van het Imperium Romanum was dat het zijn koloniale onderdanen een weg bood naar volwaardig burgerschap. Zo creëerde het rijk een internationale elite met één gemeenschappelijke cultuur en, door ontwikkeling, luxegoederen en politieke deelname, tot op zekere hoogte ook gemeenschappelijke prioriteiten. De Romeinse republiek beleefde een bloeiperiode door die openheid, die onderworpen volken niet onnodig tegen haar in opstand bracht en hen niet permanent tot doodsvijand maakte, maar door coöperatie en incorporatie de eigen cultuur in de gehele bekende wereld verspreidde en daar ook nog aan verdiende.

Behalve belastingen werd van nieuwe burgers slechts één ding geëist: openlijk respect betonen voor de nu gemeenschappelijke Romeinse cultuur, die ook tot uiting kwam doordat alle burgers offers brachten aan Romeinse goden. Het is belangrijk dat ritueel als een puur sociale daad op te vatten. Niemand verwachtte van Romeinse burgers dat ze zouden geloven in bepaalde dogma's of in het bestaan van die goden, of dat ze hun eigen rituelen zouden opgeven. De offers waren een daad van zuiver sociaal bedoelde godsvrucht.

Het idee dat niet alleen een ritueel maar ook een geloofsinhoud bindend is en dat ketters bestraft en uit de gemeenschap verstoten moeten worden, kwam pas op met de joden en daarna nog sterker met de christenen, die in Rome óók martelaren werden omdat ze uit een op een misverstand berustende overtuiging weigerden offers te brengen aan de Romeinse goden, want dat zou in hun ogen afgoderij zijn. Ze weigerden te accepteren dat de samenhang van de verder zo open en pluralistische Romeinse samenleving ook afhankelijk was van die publiekelijke ritualisering van de gemeenschappelijkheid.

De Romeinse republiek overleefde de eerzucht van haar politici niet. De Romeinse samenleving ging ten gronde aan de omstandigheid dat het keizerdom uiteindelijk de trofee werd van gespierde huurlingengeneraals, die zich wel als goden lieten vieren, maar die niet geïnteresseerd waren in de samenhang en de welvaart van hun volk. De gemeenschappelijkheid verdween.

Rome is de geschiedenis van een permanente neergang van een republiek waarvan de oorspronkelijke kracht juist haar openheid was, maar die door ambitie en hebzucht werd overmeesterd en als louter tirannie niet meer het hoofd kon bieden aan andere tirannen. De ideeën van de republiek waren onbruikbaar geworden, niet omdat ze slecht waren, maar omdat te weinig burgers zich er nog mee identificeerden: ze zagen hun belangen elders beter vertegenwoordigd.

Het oorspronkelijke geheim van het succes van het Romeinse rijk was het idee om van iedere mens een potentiële burger van de Romeinse republiek en het groeiende rijk te maken, omdat daardoor het ontstaan van een pluralistische samenleving mogelijk werd die door gemeenschappelijke symbolen bijeen werden gehouden. Een millennium later, na de ervaring van de Europese godsdienstoorlogen, begonnen intellectuelen zich opnieuw te interesseren voor dat idee. Nieuwe en wereldwijde handelsnetwerken, een nieuwe kenniscultuur, een door de boekdrukkunst gecreëerde publieke sfeer en de toenemende betekenis van de stedelijke middenklasse voor het economische en politieke succes van hele samenlevingen maakten het noodzakelijk de machtsverhoudingen binnen die samenlevingen te herstructureren.

De verlichting bood een mogelijkheid de ontwakende aanspraak op de macht bij de stedelijke middenklasse met argumenten te staven: we zijn allemaal gelijk, we zijn allemaal vrij, we hebben allemaal dezelfde rechten, ieder van ons moet de mogelijkheid hebben zijn eigen leven vorm te geven en in de samenleving een rol te spelen. Iedere mens heeft recht op respect, ongeacht zijn religie, zijn overtuigingen en zijn afkomst. Tegelijkertijd maakte dat het samenleven van zeer verschillende mensen mogelijk, zolang ze zich allemaal, zoals de verlichters argumenteerden, aan de wetten hielden die de ratio oplegde en die in de Algemene Wil tot uitdrukking kwamen.

Rousseau had duidelijk van dezelfde beker genipt, met één belangrijk verschil. Zowel de verlichters als hun verklaarde vijand deden een beroep op de Algemene Wil, die door de gemeenschap tot uitdrukking wordt gebracht. Maar Rousseau maakte niet de ratio, maar de natuur tot middelpunt van zijn morele denken; de stem ervan werd in het gekrioel van een complexe samenleving alleen gehoord door een wijze wetgever. De wetgever bepaalt dus wat de natuur eist en wat ze verafschuwt, wat waar, wat goed en wat kwaad is.

De ratio van de verlichters is anders. Niemand heeft die in zijn bezit, niemand heeft de autoriteit om als enige de stem ervan te interpreteren. De ratio is slechts een menselijk potentie. De inhoud ervan ontstaat door rationele discussie, door argumenten en tegenargumenten, door wetenschappelijke experimenten en ontdekkingen, door wetten als contingente manifestatie van een Algemene Wil. De ratio heeft behoefte aan pluraliteit, ze verafschuwt Rousseaus natuur.

De sleutel tot het ontstaan van de liberale democratie is dat alle deelnemers afzien van de macht. Pas als alle belangengroeperingen bereid zijn niet exclusief aanspraak te maken op de macht binnen de samenleving, en als die afspraak is vastgelegd in een systeem dat de ophoping van macht verhindert en controleert, kan er een pluralistische en op regels gebaseerde samenleving ontstaan. Om het met Rousseau en Diderot te zeggen: ze moeten de Algemene Wil als wet erkennen. Die bereidheid is alleen mogelijk als de mensen die deze afspraak met elkaar maken ervan overtuigd zijn dat het afzien van de macht uiteindelijk in hun eigen belang is, omdat het hun meer zekerheid en meer mogelijkheden geeft om voor zichzelf en hun familie een goed leven op te bouwen.

Tegenwoordig zijn steeds meer mensen er niet meer zeker van of ze die afspraak moeten maken, of ze hun macht uit handen moeten geven, omdat ze er niet meer van overtuigd zijn dat de mensen aan wie ze opdracht geven hun belangen te vertegenwoordigen dat ook willen en kunnen doen, en omdat ze merken dat de maatschappelijke afspraak niet meer gestand gedaan wordt, dat ze niet meer kunnen verwachten dat hun arbeid voor de toekomst is veiliggesteld.

Economische groei die op uitbuiting is gebaseerd – sinds vierhonderd jaar het businessmodel van het rijke Westen – heeft zijn grenzen bereikt. De uitbuitbaarheid van de planeet is al enige tijd uitgeput, de uitbuiting van mensen en ecosystemen waarvan ze afhankelijk zijn, leidt tot migratie van miljoenen mensen en tot een rampzalige aantasting van het milieu. Het is een model met een einddatum, en die datum is al geruime tijd overschreden, vanaf nu wordt het toxisch. Tegelijkertijd worden de eerste sociale effecten van de digitalisering te zichtbaar om ze nog langer te kunnen ontkennen, en steeds meer banen gaan verloren aan algoritmen en robots.

De vernietiging van de openbaarheid

De digitalisering heeft echter ook andere, nog directere schadelijke gevolgen voor de democratische besluitvorming. Liberale democratieën hebben zich ontwikkeld vanuit de publieke sfeer, die vanaf het eind van de zestiende eeuw gecreëerd werd door boeken, pamfletten en een netwerk van universiteiten, beurzen en jaarmarkten. In die publieke sfeer vinden de debatten plaats die een samenleving weerspiegelen en definiëren, in die ruimte worden belangen afgewogen en meningsverschillen uitgevochten, in die ruimte worden nieuwtjes en geruchten verspreid, acceptabele gedragswijzen uitgewerkt, vooroordelen bestreden of verspreid, smaak gevormd en denken geleerd.

De publieke sfeer is de gedeelde werkelijkheid van alle burgers. Daar bepaalt de samenleving haar toekomst, die sfeer vertegenwoordigt een gemeenschappelijke kennis van zaken, die aan alle debatten ten grondslag ligt. Zo was het althans tot aan de verspreiding van smartphones en sociale media. Nu zijn de spelregels veranderd. Het vaak besproken fenomeen van de echokamers (of 'meningensilo's', zoals een Amerikaanse commentator het formuleerde) wordt al heel gericht ingezet om planmatige, geïndividualiseerde, politieke marketing te bedrijven, zoals in Engeland en Amerika.

Wie tegenwoordig zijn nieuws en een groot deel van zijn sociale interactie via een klein beeldscherm betrekt, leeft in feite in een ander land dan de vrouw naast hem in de bus. Op zichzelf is dat natuurlijk niet nieuw – de boeren op het platteland hebben op veel plaatsen gestemd wat meneer pastoor had voorgezegd, de arbeiders in de steden stemden vanzelfsprekend links – maar de intensiteit, de frequentie en de hysterie van de berichten zijn in hun cyclus van 24/7 enorm gestegen en op de persoon afgestemd; tegelijkertijd hebben ze het correctief van de bewijsbare feiten afgeschaft en het in een voortdurende stroom van nieuwe verhalen irrelevant gemaakt. De berichten zijn zo perfect op onmiddellijke consumptie en individuele voorkeuren toegesneden dat de publieke sfeer tegenwoordig niet alleen gespleten is – wat hij altijd al is geweest – maar versplinterd in talloze scherven, en elke scherf weerspiegelt fragmenten van de realiteit. Algoritmen zorgen voor de rest.

Door die technologische verworvenheid is het mogelijk geworden een leven zonder tegenspraak te leiden, in een fantasie die vanuit de digitale wereld wordt gevoed en die de eigen horizon steeds nauwkeuriger afbeeldt en bijvoedert zonder die ooit in twijfel te trekken of uit te breiden. Op zeker moment is het dan zoals bij een heksenproces: waar is wat op het dorpsplein wordt verteld. Die gesofisticeerde digitale verdomming holt de democratie behoorlijk doeltreffend uit, want ze dooft elk debat.

Op YouTube is een klein historisch moment te vinden dat die verschuiving duidelijk aantoont. De gerenommeerde CNN-journalist Anderson Cooper interviewt Kellyanne Conway, counselor van het Witte Huis. Onderwerp is de betrouwbaarheid van de berichtgeving over de president. Conway argumenteert dat het Witte Huis over 'alternatieve feiten' beschikt, die gewoon anders zijn.

De altijd afstandelijke en correcte Anderson doet zichtbaar zijn best niet in lachen uit te barsten. Aanvankelijk is het niet meer dan gegrijns, maar weldra kan hij zich niet meer beheersen, hij loopt weg en zijn lichaam schudt van het lachen. '*It's just so silly*,' hijgt hij, zodra hij weer kan praten, het is gewoon te stompzinnig. Het is een kleine zenuwinzinking van de traditionele journalistiek tegenover de schaamteloosheid van de feitenvrije identiteit.

In een publieke sfeer waarin over ideeën wordt gediscussieerd is een concept als 'alternatieve feiten' niet alleen stompzinnig, maar verstoort het ook de spelregels van een verstandig gesprek. In gescheiden echokamers gaan ze evenwel een alternatieve wereld vormen die door haar bewoners met evenveel hartstocht, ernst en engagement verdedigd wordt als elke andere overtuiging. Zoals Yascha Mounk vaststelt, hebben wij nog geen ervaring met een liberale democratie zonder economische groei op langere termijn. Maar we hebben er ook geen ervaring mee of en hoe ze kan omgaan met de versplintering van de publieke sfeer en daar zelfs van kan leren, en of ze die fragmentering wel overleeft.

Naast de versplintering doet er zich ook een ontremming voor, een verruwing van de taal, niet alleen in anonieme postings maar ook in officiële media. Steeds weer zorgen verbale ontsporingen voor verontwaardiging, maar schijnbaar worden niettemin elke keer de grenzen weer een stukje opgeschoven, het duidelijkst misschien nog wel na het vonnis van het Britse High Court, dat besliste dat de regering het parlement om toestemming voor de Brexit moest vragen. De dag erna, op 4 november 2016, enkele weken na de moord op een pro-Europees parlementslid door een fanatieke nationalist, publiceerde het conservatieve boulevardblad *Daily Mail* op de voorpagina de foto van de drie hoogste rechters van het land met hun volle naam erbij, en het onderschrift *Enemies of the People*.

De opstand creëert zijn eigen taal en daarmee zijn eigen werkelijkheid. Het eerherstel van woorden als 'völkisch' en 'nationaal' gaat samen met een herlevende voorliefde voor rassentheorieën, die in hun nieuwe versie weliswaar verschil maken tussen 'culturen' en zich ervoor hoeden biologische argumenten te gebruiken, maar waarvan de insteek dezelfde is: mensen van verschillende culturen zijn te verschillend om samen te leven, ze moeten hun eigen bloed op hun eigen bodem vergieten.

De normalisering van met haat vervulde taal en vaak nauwverholen bedreigingen met geweld – wat doet een volk met zijn vijanden? – is een aspect van een sluipende verdwijning van het taboe op houdingen, symbolen en handelingen, die op hun beurt medebepalend zijn voor wat er van de publieke sfeer nog over is en waarvan de uiterst geëmotionaliseerde effectiviteit lang in de echokamers blijft nagalmen. Met elke nieuwe schijnbare ontsporing worden de grenzen, amper merkbaar, wat verder opgeschoven, tot het punt bereikt wordt dat meningen en daden elkaar vinden.

'De op vrijheid gerichte orde leeft bij de gratie van culturele en mentale vooronderstellingen die ze zelf niet kan garanderen,' schreef de Zwitserse journalist René Scheu. Juist dat maakt de nieuwe normaliteit zo problematisch. Een liberale democratie is een maatschappijvorm die gekozen wordt door beschaafde samenlevingen, omdat ze in de stabiliteit ervan een belangrijk voordeel zien. De maatschappijvorm is een gevolg van de maatschappelijke ontwikkeling, niet de oorzaak ervan. Ze vraagt van haar burgers een zeker minimum aan geïnformeerdheid, aan gemeenschapszin en aan respect voor de spelregels van de beschaafde omgang. Als die regels niet via debatten en campagnes eendrachtig worden veranderd, maar gewoon niet meer als verplichting worden gerespecteerd, stort het hele spel in elkaar.

Technologie en haar verhalen

De ontwikkeling van onze technologieën heeft die van onze samenlevingen al lang ingehaald. Nu dringt de transformatieve energie ervan binnen in de samenlevingen van het rijke Westen en stelt die voor een vuurproef die ze uiteindelijk alleen door een herordening van de machtsverhoudingen kunnen doorstaan. Het tegenwoordige businessmodel is niet langer een aanjager maar een existentieel gevaar voor die samenlevingen geworden, omdat het de hulpbronnen waarvan ze afhankelijk zijn, verbruikt of vernietigt en omdat het geen rekening houdt met de sociale effecten van de nieuwe technologieën.

De liberale elite in politiek en economie probeert die toenemende problemen binnen de bestaande structuren, instellingen en procedures op te lossen. Ze loopt daarbij steeds het risico om politiek te bedrijven die meer past bij de twintigste eeuw. Wie tegenwoordig nog steeds verkondigt dat volledige werkgelegenheid het doel van zijn economisch beleid is, biedt geen oplossingen maar hoogstens een uitstel van het probleem, waarmee waardevolle tijd verloren gaat, en hij doet onmiskenbaar ook een belofte die hij zal moeten breken. Zo ontstaat de indruk dat een politiek systeem alleen is geïnteresseerd in zijn zelfbehoud. Zo ontstaat ook de aanvechting alles op te blazen en van voren af aan te beginnen.

Steeds weer vertellen samenlevingen een nieuw verhaal over zichzelf, maken nieuwe helden, nieuwe houdingen. Een nieuw verhaal ontstaat altijd als het verhaal van de ouderen zich te ver heeft verwijderd van dat van de aan den lijve ervaren realiteit. Zodra het verhaal krachteloos wordt, kun je het alleen nog met geweld overeind houden. Dat geweld begint met de intimidatie van de pers en de arrestatie van journalisten, en eindigt met speciale gevangenissen en politieke moorden in opdracht. Als er geen geweld wordt gebruikt, gaat het verhaal gewoon voort en strijden andere, concurrerende versies om de hegemonie.

Voor de landen van de rijke wereld vult een al voorgefabriceerd verhaal dat vacuüm, omdat het aan alles en iedereen voortdurend en volgens alle regels van de zwarte kunst wordt gecommuniceerd: we zijn allemaal consumenten, stamleden van Lifestyle-community's, onze wil is heilig, elke impulsieve aankoop wordt binnen veertien dagen omgeruild. Zolang de liberale democratie niet meer voldoende mensen overtuigt en de autoritaire opstand nog niet voldoende mensen heeft verleid, biedt die identiteit een veilige plek om de verwarrende en beangstigende debatten te ontlopen over dingen waaraan men trouwens toch al niets kan veranderen.

Dat is het moment waarop de moeilijke ideeën van de verlichting dreigen te stikken. Tolerantie ten aanzien van levenswijzen of opinies die je instinctief afwijst, is vermoeiend, solidariteit met mensen uit verre landen is gecompliceerd, de vrijheid van de anderen betekent altijd beknotting van jezelf, en wijze zelfbeperking is in een consumptiemaatschappij zonder meer onzin. De door Edward Barnays mede opgerichte industrie, intussen een miljardenbedrijf, doet al het mogelijke om de mensen die ze elke dag met beelden bombardeert, van dat soort ideeën af te brengen en ze in een passief geluk te wiegen, waarin de enige beslissing over de vraag welke kant het met ons op moet de beslissing is tussen verschillende merken.

Edwars Barnays nam graag de woorden *manufacturing consent* in de mond – de fabricage van instemming, een soort geprofessionaliseerde hervertelling van de samenleving, die na de oorlog zoveel succes heeft gehad dat tegenwoordig zelfs regeringen hun burgers als klanten aanspreken. Maar ook dat idee heeft politieke gevolgen. Als consument koop ik het recht dat mijn verwachtingen worden vervuld. Ik betaal ook belasting. Als een economie moet worden geleid als een onderneming, heb ik er ook recht op dat die onderneming, waaraan ik maandelijks een diensttarief afdraag, aan mijn verwachtingen voldoet. Ze moet haar tarieven verlagen en haar prestaties duidelijk verhogen, anders...

Daar breekt die kleine monoloog af, want ook consumenten zijn staatsburgers die niet zonder meer naar de concurrent kunnen om op betere voorwaarden te shoppen (dat kunnen alleen concerns, waarvan het kapitaal grenzeloos mobiel is). Maar het probleem is dat die maatschappelijke consensus niet geschikt is om er miljoenen mensen van te overtuigen dat een radicale verandering van het westerse businessmodel noodzakelijk is om in een overweldigende historische dynamiek het ergste te verhinderen en indien mogelijk een andere samenleving, een andere economie te verwezenlijken. Als een veel te gecompliceerde gadget blijft dat soort argumenten in de schappen liggen, omdat ze gewoon niet goed te verkopen zijn.

De traagheid van samenlevingen die geheel op het behoud van hun status zijn gefixeerd – met de middelen van de liberale hervorming of die van de apocalyptische strijd tegen de barbaarse horden – is niet verenigbaar met de dynamiek van de mondiale transformatie en wil dat ook niet zijn. Stel je voor, het is geschiedenis, niemand heeft daar zin in.

Elke democratie sterft op haar eigen manier

Mensenrechten en democratie zijn contrafactische hersenschimmen. Natuurlijk zijn voor ons persoonlijk de rechten van iedere vreemdeling niet zo belangrijk als die van onze familie, natuurlijk waarderen wij de afwijkende mening van onze buurman minder dan onze eigen mening, want als het anders was, hadden we zijn mening al wel overgenomen. Maar mensenrechten postuleren en de democratie aandurven vormen het beste antwoord op de beroemde vraag van de Amerikaanse filosoof John Rawls, die zijn lezers uitnodigde een rechtvaardige maatschappij te construeren. Net als de wijze dictator mochten ze alle wetten in de samenleving zelf bepalen – maar ze wisten nog niet welke plaats ze zelf in die maatschappij zouden innemen, of ze als Croesus of als bedelaar zouden leven, als alleenstaande moeder, zieke oudere of popster. Om de eigen kansen op een goed leven onder onvoorzienbare omstandigheden zo groot mogelijk te maken, moet de samenleving voor iedereen zo fair mogelijk zijn.

Die hersenschimmen hebben in een tijdsbestek van ongeveer driehonderd jaar talloze mensen ertoe geïnspireerd zich ervoor in te zetten dat radicale ideeën als de gelijkheid van allen voor de wet werkelijkheid konden worden. In veel gevallen hebben die pioniers veranderingen bewerkstelligd die niemand voor mogelijk had gehouden, van de afschaffing van de slavernij tot en met de gelijkberechtiging van de vrouwen en de verbazingwekkend snelle sociale acceptatie van gelijkgeslachtelijke huwelijken in samenlevingen waarin dat twintig jaar eerder nog niet denkbaar was geweest. Maar die veranderingen maken geen deel uit van een onstuitbare zegetocht door de geschiedenis; ze kunnen snel weer ongedaan gemaakt worden, wanneer ze niet meer voldoende mensen inspireren, wanneer ze als vanzelfsprekend worden beschouwd.

Elke democratie sterft op haar eigen manier, zoals de historicus Richard J. Evans ooit heeft opgemerkt. Maar het zou toch echt van gebrek aan fantasie getuigen als je je een aanstaande dictatuur, een aanstaand autocratisch regime in Europa zou voorstellen met uniformen, fakkeloptochten en leren jassen. Democratie als productieve, vredestichtende hersenschim, als een collectieve fictie die alleen stand kan houden zolang ze in daden wordt omgezet, lijkt schrikbarend fragiel. Maar ze demonstreert overal ter wereld een verbazingwekkend weerstandsvermogen door samenwerkende burgers, activisten, rechtbanken, journalistiek – ook al hebben die massaal aan geloofwaardigheid ingeboet – en door kleine, dagelijkse daden van burgermoed. Maar dat weerstandvermogen kan alleen sterk blijven als voldoende mensen in die fictie geloven. Er zijn veel aanwijzingen dat het er steeds minder worden.

In die herinnering aan de dictatuur zit in feite een andere oorzaak voor de verandering van het politieke landschap, vooral in Europa. De naoorlogse liberale democratieën en de overtuigingen waarop ze waren gebaseerd, waren ook het resultaat van een enorm historisch trauma.

Mensen leren als collectief niet van de geschiedenis, maar ze reageren wel op trauma's. Zoals een misdaad in een familie – een moord, een verkrachting, misbruik – zijn schaduw werpt over de volgende twee of drie generaties, kunnen ook collectieve herinneringen de morele instincten van een samenleving bepalen, tot die herinneringen langzaam verdwijnen uit de culturele conversatie.

De morele instincten van die naoorlogse democratieën richtten zich ook op een 'Nooit weer!' Om herhaling van de toestanden in Weimar te voorkomen, aldus de consensus na 1945, was er een robuuste economie nodig, maar ook een flinke herverdeling, een open hiërarchie en grote investeringen in het onderwijs, niet alleen om het ontstaan van een onderklasse te voorkomen die afgesneden was van sociale vooruitgang, maar ook ter versterking van de democratie.

Veel aspecten van de naoorlogse orde weerspiegelen die vastberadenheid om een nieuwe ramp te voorkomen door ten gunste van de democratie een steigerwerk aan fundamentele ideeën en economische voorwaarden op te richten. Sociale inclusie, een sterke sociale staat, de stem van de industriearbeider bij de vastlegging van zijn arbeidsvoorwaarden, de nadruk op vrede, mensenrechten, *soft power*, antiracisme, tolerantie, openheid en eliminatie van de nationale staten door economische en politieke integratie binnen Europa zijn ook het resultaat van de herinnering aan Europa's tweede Dertigjarige Oorlog tussen 1914 en 1945.

Het feit dat die waarden nu binnen relatief korte tijd weer ter discussie staan, kan ook verklaard worden uit het feit dat de generatie van hen die door de herinnering aan de oorlog gevormd zijn, zich nu uit de samenleving terugtrekt en dat een nieuwe generatie kiezers, politici, burgers en consumenten die morele reflex niet meer bezit omdat ze nooit deel is geweest van hun intieme, familiaire leven.

De Tweede Wereldoorlog waarover de jongeren tegenwoordig op school te horen krijgen, is voor hen bijna net zo ver weg als de napoleontische oorlogen. Dat is normaal, zo verloopt de culturele evolutie, en het voorkomt ook dat het culturele geheugen akelig overbelast raakt. Elke generatie creëert haar eigen blik op de geschiedenis en trekt er haar eigen conclusies uit. Maar het verhaal dat elke generatie nieuw vertelt, is juist een verhaal dat historische feiten en ficties nieuw ordent en beoordeelt volgens de behoeften van dat moment.

De morele reflexen en het morele falen van de oudere generatie staan daarbij altijd in het middelpunt van het nieuwe verhaal. Maar voor democratieën betekent dit ook dat een beschavingsideaal en een morele houding die na de oorlog vanzelfsprekend leken en de liberale democratieën eigenlijk pas mogelijk maakten, weer ter discussie worden gesteld. Racisme, nationalisme, twijfel aan de democratie, bewapening, nationalistisch denken, leidersfiguren en het bouwen van muren zijn niet alleen in kringen van nationaal-populisten weer salonfähig geworden en worden in verschillende varianten dwars door het culturele landschap tot onderwerp van gesprek gemaakt. Dat doet denken aan het interbellum. Tegelijkertijd werken de reflexen van de naoorlogse generaties niet meer, hun taboes gelden niet meer.

In de Verenigde Staten hebben liberale ideeën het sinds Richard Nixon moeilijk gehad boven het geschreeuw uit te komen. In andere westerse samenlevingen is dat pas later gebeurd, en het wordt door de ineenstorting van de naoorlogse economische orde extra versterkt. Liberale ideeën en democratische principes kunnen niet meer als vanzelfsprekend het hoogste gezag opeisen. Wie ze wil behouden en er telkens weer een succes van wil maken, zal zich er op een nieuwe manier en veel intensiever voor moeten inzetten en ervoor moeten vechten.

Wat heeft een liberale democratie nodig om te overleven?

De aan het begin van dit hoofdstuk geciteerde Yascha Mounk ziet een duidelijk verband tussen het bestaan van liberale democratieën en welvaart, of nauwkeuriger gezegd, *toenemende* welvaart. In feite berusten functionerende democratieën op breed uitgewaaierde structuren, op parlementen, rechtbanken, scholen, universiteiten, infrastructuur, landsverdediging. Zonder welvaart kan niets van dat alles gegarandeerd worden. Maar juist de structurele ineenstorting van het West-Europese en Amerikaanse partijenlandschap en de daar wijdverbreide verbittering laten zien dat welvaart kennelijk niet voldoende is, want ondanks de steeds grotere inkomensverschillen en de duidelijke economische onrechtvaardigheden zijn de samenlevingen van de rijke wereld nu rijker dan ooit tevoren. Een gemiddeld Amerikaans of Europees huishouden (voor Grieken klinkt dit wellicht cynisch) is nu vijfmaal zo rijk als na de Tweede Wereldoorlog.

Maar als welvaart en een voortdurende economische groei in vredestijd niet toereikend zijn, wat blijft er dan nog over? Democratie betekent dat individuen en groeperingen hun macht moeten opgeven. Om dat te doen, moeten ze vertrouwen hebben, want wie anderen werkelijk wantrouwt, wil geen machtsevenwicht, maar de macht zelf. Alleen wie erin gelooft dat de anderen zich aan de overeengekomen spelregels houden, zal bereid zijn om zijn macht op te geven.

Vertrouwen berust op empathie, op gemeenschappelijkheid, op begrip, op gedeelde hoop. Maar een samenleving waarvan de hoogste prioriteit het behoud van status is en die de toekomst eerder wil verhinderen dan vormgeven, kan zo'n hoop niet bieden. Als iedereen al weet dat de winkel eigenlijk failliet is, maar dat je nog kunt halen wat er te halen valt, zet niemand zich nog in voor een sanering waaraan iedereen financieel moet bijdragen.

Hier komen we aan het tweede potentieel rampzalige probleem van het failliete businessmodel van de westerse landen. Het eerste is van materiële en wetenschappelijke aard: economieën die alleen door een onstuitbare groei kunnen voortbestaan, verbruiken, vervuilen en vernietigen te snel te veel en reageren structureel veel te langzaam op de dwang tot transformatie wegens de opwarming van de aarde en de digitalisering. Het tweede daaruit voortkomende probleem is van filosofische of antropologische aard: maatschappelijke verbondenheid en vreedzame, solidaire verandering behoeven een perspectief, een gemeenschappelijk project, een vorm van hoop.

Zijn de winnaars van de industriële revolutie en de oliehausse in staat met democratische middelen de economische omstandigheden van hun samenlevingen snel en fundamenteel genoeg te wijzigen om weer een vorm van hoop te rechtvaardigen? Is het mogelijk een democratie te creëren die op duurzaamheid is gebaseerd, of is de democratische ervaring van na de oorlog slechts een *free ride* geweest op de rug van de door de aardolie gestimuleerde economische groei van na de oorlog, een historische uitzondering die nu haar einde nadert, omdat de mondiale randvoorwaarden veranderd zijn?

Een radicale transformatie die afziet van fossiele energie en onvervangbare grondstoffen, van vuilnisbelten en de obsessieve consumptie die er de oorzaak van is, is onder alle omstandigheden een gigantische uitdaging, waarmee we ons in het laatste hoofdstuk nogmaals zullen bezighouden om op zoek te gaan naar redenen om voorzichtig optimistisch te zijn. Maar in de huidige context is het belangrijk dat zo'n verandering een democratisch mandaat krijgt – en dat maakt de uitdaging nog eens flink groter.

De democratische discussie over zo'n diep in alle sectoren van het leven ingrijpende transformatie is nog niet eens begonnen. Geen normale politicus durft het aan met een dergelijke agenda voor een microfoon te gaan staan. Geen politicus waagt het zijn kiezers te vertellen dat we allemaal armer worden, dat we in plaats van inkopen te doen ons samen moeten afvragen in welk soort samenleving we over dertig jaar willen leven, welke realistische mogelijkheden er zijn om nader tot dat doel te komen, en wat we bereid zijn op te geven om een kans te hebben. Natuurlijk: zo'n programma zou politieke zelfmoord zijn. Elke samenleving krijgt de politici die ze verdient.

Iedere samenleving heeft een soort transcendentie nodig. In de naoorlogse periode verving de transformatieve consumptie langzaamaan andere vormen van transcendentie (ideologieën, godsdiensten). Juist omdat de consumptie in het collectieve bewustzijn zo'n belangrijke plaats heeft ingenomen, is het moeilijk voldoende mensen ervan te overtuigen dat het beter is vastberaden te handelen, voordat de kracht en de snelheid van de gebeurtenissen hen het initiatief uit handen slaan. Het grote voordeel van het rijke Westen is in zekere zin ook zijn vloek: veel mensen gaat het gewoon nog te goed om zich in te laten met verregaande veranderingen die voor hen beperkingen zouden inhouden. Ze zien er geen aanleiding toe of ontkennen die, ze interesseren zich er verder niet voor of ze accepteren wel de redenen en de noodzaak om iets te doen, maar liever niet nu, niet hier, niet voor hen persoonlijk.

De democratische visie van de verlichters gaat ervan uit dat mensen niet alleen in staat zijn rationeel te argumenteren, maar dat ze dat ook willen doen, dat ze bereid zijn volgens de criteria van hun soevereine ratio solidair en vrij te leven. Maar als ze dat nu niet willen? Wat als Hobbes, Rousseau en Bernays gelijk hebben en mensen irrationele, tegenstrijdige en uiteindelijk destructieve primaten zijn, die getemd, gemanipuleerd, geamuseerd en gekalmeerd moeten worden? Bestaat een samenleving uit individuen die rationeel en solidair kunnen handelen, of uit bekrompen kuddedieren, waaruit zich maar zelden uitzonderlijke exemplaren kunnen verheffen, boven de gehoornde en gebrandmerkte massa uit, om de kudde aan te voeren?

Zulke vragen kunnen moreel verkeerd opgevat worden als een aanval op de menselijke waardigheid, want menselijke instincten, angsten, mythes en verlangens zijn in de loop van vele duizenden jaren gevormd door een omgeving die niet meer die van de meeste mensen van nu is. Het zou goed zijn die primaten beter te begrijpen – niet om een hek om hen heen te bouwen, maar om te zien of ze ondanks hun kennelijke beperktheid en hun neiging tot zelfoverschatting ook in niet-omheind jachtgebied kunnen overleven.

Nieuw wetenschappelijk onderzoek bij andere primaten, onder anderen uitgevoerd door Frans de Waal, lijkt erop te wijzen dat de keuze tussen louter rundvee en rationele halfgoden niet absoluut is. Zoals al eerder vermeld, hebben ook andere primaten een goed ontwikkeld rechtvaardigheidsgevoel en reageren ze op stress met agressie en neerslachtigheid. Ook zij neigen ertoe solidair te handelen zodra hun levensomstandigheden dat toelaten, en egoïstisch, gewelddadig en zelfs wreed zodra ze onder druk komen te staan.

Maar in tegenstelling tot andere primaten kan homo sapiens een toekomst ontwerpen die zich van het heden onderscheidt, en hij kan dat abstracte denken zelfs tot fundament van zijn gemeenschapsgevoel maken. De autoritaire droom ziet dat fundament als onderdeel van zijn afstamming, in een verleden dat een historische ervaring, een collectieve (en geconstrueerde) herinnering oproept.

De liberale droom heeft zijn perspectivische verdwijnpunt in de (qua definitie geconstrueerde) toekomst, een soort vooruitgang niet alleen van de technologie maar ook van de menselijkheid, die als gemeenschappelijke hoop zeer verschillende individuen bij elkaar kan brengen. Toch kan die droom nog maar amper de mensen bereiken die te weinig hoop hebben en een veilige haven zoeken, misschien zelfs genoegdoening. Een van de belangrijkste zwakheden van die liberale idealen in een complexe samenleving is dat hun steeds ietwat abstracte gerichtheid op de toekomst te weinig emotionele resonantie bezit, althans in vergelijking met de hypnotische macht van de nostalgie.

Vooruitgang is omkeerbaar, beschavingen raken buiten adem en geven het ten slotte op als ze geen hoop meer genereren. De vraag is of die samenlevingen er weer in slagen hoop mogelijk te maken. Dat is alleen realistisch als die hoop ook een reëel fundament heeft. Een regering die over voldoende financiële middelen beschikt en invloedrijk genoeg is, kan de scheuren in het sociale stelsel wel een tijdlang kitten en verbloemen door zinloze arbeid te subsidiëren en bijvoorbeeld via de omweg van de ontwikkelingshulp arbeidsplaatsen veilig te stellen, maar ze kan niet het gevoel wegnemen dat die banen kunstmatig behouden worden, dat ze geen werkelijk productieve arbeid creëren, dat mensen zich steeds vaker nutteloos en overbodig voelen, omdat ze begrijpen wat er aan het gebeuren is.

De kit brokkelt af, de scheuren worden groter. Misschien is de liberale democratie niets anders dan een overgang naar een andere samenlevingsvorm. Hoe die eruit gaat zien, is nog geen uitgemaakte zaak.

Geen weg terug

Wat gebeurt er met een samenleving die geen toekomst wil als ze in een stroomversnelling van de geschiedenis terechtkomt? Wat houdt stand en wat moet breken? Wat vervangt de oude structuren die door de stroom worden meegesleurd?

Laten we enkele dingen vasthouden:

- Eén zin mogen we nooit meer gebruiken. Die zin luidt: 'Dat kan nooit gebeuren.' Alles kan gebeuren, en er zal veel gebeuren wat we nu nog voor ondenkbaar houden.
- We zitten midden in een razendsnelle transformatie, ook al willen we dat niet. Dat is geen kwestie van begeerte of van consumptieve voorkeur.
- Op omwentelingen van deze omvang kan een samenleving alleen constructief reageren of ze passief ondergaan.
- Wie muren bouwt, zal merken dat ze worden ingedrukt.
- Laten we het maar toegeven: de groei door uitbuiting, het businessmodel van de westerse samenlevingen, is failliet.
- Democratie en mensenrechten zijn niet de norm en geen logisch gevolg van de vooruitgang. Ze zijn een recente en zeldzame historische uitzondering, misschien zelfs maar van tijdelijke aard.
- Vooruitgang is omkeerbaar.
- Vrijheid, gelijkheid en broederschap zijn en waren sinds hun proclamatie geen empirische feiten, maar een ver-

haal dat onze samenleving over zichzelf vertelt. Het leeft en sterft terwijl het wordt verteld en aangehoord.

- Om te overleven hebben democratieën niet alleen welvaart nodig. Ze behoeven ook een gemeenschappelijke hoop.
- Een dergelijke hoop is alleen mogelijk als die gezien wordt als rationeel en gerechtvaardigd, dat wil zeggen in een economie die een toekomst heeft, in een samenleving die in vrede met haar buren en het machinetijdperk leeft.
- De technologische transformatie zal ook ons persoonlijk leven tekenen, onze gedachten, gevoelens, ons zelfbeeld. Technologie wordt niet alleen door ons gemanipuleerd, zij manipuleert ons ook.
- In een democratie is alles afhankelijk van de vraag of voldoende mensen zo'n radicale verandering willen – op tijd willen. Dat biedt weinig reden tot optimisme.

Toegegeven: er zijn weinig aanwijzingen voor dat een snelle en radicale verandering mogelijk is, maar bij gebrek aan een planeet B blijft ons niets anders over dan ervoor te vechten dat in een oceaan van moeilijkheden zich kleine archipels van hoop, menselijkheid en rationaliteit kunnen vormen en handhaven.

De tandenfee van de geschiedenis

We willen geen ideale wereld ontwerpen, geen utopie. Dat is weliswaar onderhoudend, maar de gebruikelijke visioenen van coöperatieve, solidaire, onbaatzuchtige, geëngageerde en gelukkige samenlevingen in harmonie met moeder natuur zullen altijd een fictie blijven, tenzij het zelfgekozen gemeenschappen zijn – een kibboets, een klooster, een commune – waaraan de leden uit enthousiasme en overtuiging deelnemen. In samenlevingen waarin burgers door hun geboorte toevallig terechtgekomen zijn en vaak geheel andere overtuigingen ontwikkelen, is zoveel onbaatzuchtigheid en samenwerking niet te verwachten.

Nee, laten we proberen realistisch te zijn. Laten we ons samenlevingen voorstellen die inderdaad kunnen ontstaan als voldoende mensen zouden begrijpen welke uitdagingen hun te wachten staan. Laten we ons dus voorstellen dat de tandenfee van de geschiedenis alle mensen van deze planeet in een niet al te verre nacht in een droom zou openbaren hoe penibel hun situatie is. Laten we ons voorstellen dat alle mensen de volgende ochtend vol schrik zouden begrijpen dat ze dringend moeten handelen, dat het niet voldoende is hun best te doen, maar dat gedaan moet worden wat noodzakelijk is.

Na die droom – hoogstwaarschijnlijk van apocalyptische aard – zouden de mensen de volgende ochtend als in trance hun tanden poetsen en elkaar niet in de ogen kijken. Ze zouden verloren aan hun ontbijttafel zitten en op weg naar hun werk voor zich uit staren, terwijl in henzelf het inzicht schemert dat het nu ernst is, dat er een enorme uitdaging wacht, dat die gigantische verandering al aan de gang is en vormgegeven moet worden zolang die mogelijkheid nog bestaat. Zoekpogingen op Google naar de woorden 'wereldondergang', 'apocalyps', 'opwarming van de aarde', 'digitalisering', 'consumentisme', 'wereldvrede' en 'einde van de democratie' overbelasten de server en dreigen internet even plat te leggen. Websites als die van de NASA worden binnen enkele uren meer bezocht dan anders in jaren.

De eerste uren zal niemand veel zeggen. Op straat, op stations en in kantoren is bijna niets te horen, een onwerkelijke stilte hangt boven openbare pleinen, fabrieken en kantoren, terwijl de mensen zich beginnen te realiseren wat er allemaal gaat veranderen. Onwillekeurig gaan ze de wereld om zich heen, de auto's en fabrieken, de callcenters en de winkelcentra als iets ouds zien, iets al lang achterhaalds, iets belachelijks.

Zodra ze even de kans krijgen, aan hun bureau, in de kantine, in de auto, op het bouwterrein, beginnen de mensen notities te maken, miljoenen kladjes, waarop genoteerd wordt wat er dringend moet gebeuren. Er vormen zich groepen, op straathoeken, in cafés, op metrostations. Na de lange stilte beginnen ze allemaal gelijktijdig te praten, ze wapperen opgewonden met hun kladjes, zijn buiten zichzelf. Een hacker heeft alle beeldschermen op Times Square overgenomen, die allemaal met felle kleuren maar één woord de wereld in schreeuwen: SHIT!

De eerste dagen zijn chaotisch. Religieuze leiders roepen openlijk op tot boetedoening en houden processies en smeekbeden, hysterische teenagers verkondigen dat de Moeder Gods hun verschenen is, gepeupel zoekt naar zondebokken en jaagt leden van spontaan daartoe verklaarde minderheden op door de straten, er vormen zich reusachtige demonstraties, die weer uiteenvallen. Mensen houden op de hoeken van de straten spontane preken. Mediaberichten volgen elkaar in snel tempo op, maar niemand heeft tijd er kennis van te nemen. Door de rijke landen spoelt een golf van zelfmoorden, maar bijna niemand merkt het. Op alle zenders zijn ondergangsexperts te zien, maar de mensen zappen door – ze hebben wel wat belangrijkers te doen. Na het eerste hamsteren stort de detailhandel in, omdat niemand aan nieuwe spullen denkt.

Binnen enkele weken vormen zich groepen die discussiëren over wat er nu moet gebeuren. Ze nodigen hun volksvertegenwoordigers uit om met hen in debat te gaan over de vraag hoe de grote verandering op gang moet komen. Ze leven tegelijkertijd in het obsolete heden en de veel interessantere toekomst. In supermarkten, moskeeën en bars, in families en nationale parlementen breken discussies los die wild over de partijgrenzen heen slaan, omdat partijen door de enorme uitdaging irrelevant geworden zijn. Wetten worden aangenomen, maatregelen getroffen, initiatieven genomen.

Omdat de mensen enkel inzicht in hun situatie gekregen hebben, maar niet vooruitziend of intelligenter geworden zijn, zijn veel van die maatregelen onzinnig, contraproductief of ondoordacht. Maar enkele ideeën dragen dankzij de nieuwe collectieve vastberadenheid vrucht. Daaruit ontwikkelt zich zoiets als het begin van een nieuwe economie, een nieuwe samenleving en een nieuwe democratie, die niet alleen in staat zijn de volgende vijftig jaar te overleven, maar die uit de transformatieve energie zelfs dynamiek halen en door goede ideeën en vastberaden handelen inderdaad op enkele plaatsen samenlevingen doen ontstaan die beter zijn dan wat er eerder was.

De eerste maatregelen hebben betrekking op het verbruik van energie en grondstoffen, en de achterstanden die ze veroorzaken. De leidende economieën op aarde besluiten binnen tien jaar volledig en zonder uitzondering op te houden met fossiele brandstoffen en fors te investeren in het recyclen van alle grondstoffen. Autobezitters moeten flink slikken, maar schikken zich. De industrie doet mee en fluit haar lobbyisten terug. Oliestook is niet meer te verkopen, plastic zakken en petflessen worden ingehouden. Alternatieve energie beleeft een ongekende hausse. Miljoenen mensen stappen over op energie-efficiënt bouwen, de zoektocht naar nieuwe en betere oplossingen raakt in een stroomversnelling, de overheidsuitgaven voor wetenschappelijk onderzoek schieten omhoog.

Een tweede afspraak betreft de consumptiegoederen, waarvan de prijs nu op grond van de werkelijke kosten wordt berekend, van de winning van grondstoffen tot en met het recyclen van componenten en de kosten voor mens en omgeving in de hele keten. Eerst worden alle technologische en massaal geproduceerde goederen duurder, en de consumenten beginnen te morren. Economische experts komen met vreselijke prognoses over de economische groei. Maar weldra komen er dingen op de markt die zo geconstrueerd zijn dat ze zo lang mogelijk meegaan, eenvoudig te repareren zijn, gemaakt zijn van natuurlijke of makkelijk bruikbare materialen en modulair te vervangen zijn, in overeenstemming met technologische ontwikkelingen. Vaak zijn het objecten die gemaakt worden door handwerkers en knutselaars. Het wordt zelfs leuk om oude dingen een nieuw leven te geven. De mode-industrie zakt als een soufflé in elkaar, de reclame-uitgaven van de grote concerns worden bijna tot nul gereduceerd.

In het algemeen staat de industriële productie niet meer zo centraal, zoals eerder. 3D-printers produceren moeiteloos ook complexe dagelijkse dingen, en zelfs machines en de instructies om ze te maken staan op internet. Steeds meer huishoudens beginnen voor zichzelf op zijn minst gedeeltelijk in hun energiebehoefte te voorzien en leveren overschotten aan het net terug. Het verwerken van afval wordt door consumenten per kubieke meter betaald. Grote verpakkingen verdwijnen bijna geheel uit de supermarkten, veel mensen gebruiken eigen houders en flessen bij het boodschappen doen. Veel afval produceren is niet alleen duur – het is ook een teken van maatschappelijke ongeschiktheid.

Omdat na de droom alle mensen de ernst van de situatie

inzien, letten ze er ook meer op dat ze met hun consumptie een deel van de oplossing zijn, niet een deel van het probleem. Een stempel op kledingstukken en andere consumptiegoederen kenmerkt producten die onder fatsoenlijke omstandigheden zijn geproduceerd. Ze zijn iets duurder. Productieketens van elk massaproduct kunnen via internet gevolgd worden tot en met de grondstoffen, de arbeidsvoorwaarden van de producent en het gehele energieverbruik. Natuurlijk wordt het systeem af en toe misbruikt door bedriegers, maar in het algemeen functioneert het verbazingwekkend goed.

Ook voor de rest veranderen de consumptiegewoonten. De nieuwe prijscalculatie maakt van vlees bijvoorbeeld een luxeproduct, omdat niet alleen een rechtvaardige houding tegenover de dieren, maar ook vooral de uitstoot van methaangas bij runderen in de prijs verrekend wordt en de verbouw van sojabonen in gerooide regenwoudgebieden op grond van de daardoor veroorzaakte milieuschade zo duur is geworden dat bonen uit die gebieden niet onderdoen voor de waarde van goud. Ook de productie van palmolie is ingestort. De transportkosten worden hoger en zetten consumenten ertoe aan weer meer lokale producten te kopen, te ruilen of zelf te maken. Dat bevalt niet iedereen, maar uiteindelijk vinden de meeste mensen dat vijf soorten melk op de schappen van de supermarkt meer dan genoeg zijn.

De wellicht belangrijkste maatschappelijke vernieuwing is het feit dat steeds minder mensen werk vinden en dat ze steeds meer door machines worden verdrongen van de arbeidsmarkt. De samenleving besluit belasting te heffen op alle arbeid, niet alleen op menselijke arbeid. De winst die door machines wordt behaald, is een sociaal goed dat zonder scholen, straten, infrastructuur en veiligheidsgaranties niet gerealiseerd zou kunnen worden. Een deel van die particulier behaalde winst wordt als dividend aan de samenleving terugbetaald. Iedere burger krijgt maandelijks een bedrag dat zijn elementaire behoeften dekt en dat het hem mogelijk maakt vrij te beslissen hoe hij zijn energie en zijn tijd wil gebruiken.

Die verandering, dat onvoorwaardelijke basisinkomen, komt niet doordat het zo mooi of zo nobel is, maar omdat het noodzakelijk is. Het is een van de zeer weinige vernieuwingen die zowel door links als rechts bepleit worden. Linkse mensen gaat het daarbij vooral om sociale gerechtigheid en herverdeling. Rechtse economen en politici zien in het basisinkomen de enige optie om in het machinetijdperk nog consumptie en daardoor economische groei mogelijk te maken. Maar intussen zitten heel veel mensen zonder werk, in enkele ontwikkelde landen loopt het percentage werklozen naar de 40 procent, en het zou nog hoger zijn als niet elke regering haar statistieken zou verfraaien. De kosten voor de staat zijn astronomisch, en toch is een groot deel van de bevolking arm, gedeprimeerd, nutteloos en vernederd. De discussies over het basisinkomen zijn opgehouden, ze zijn geweken voor een algemene acceptatie.

Het onvoorwaardelijke basisinkomen is een gigantisch sociaal experiment dat in vele verschillende vormen wordt ingevoerd en uiteenlopend succes heeft. In enkele landen bestaat het vanaf de geboorte en zorgt het er ook voor dat er meer kinderen geboren worden; in andere landen begint het met een opleidingsrekening, waardoor kinderen tot ze meerderjarig zijn de weg kunnen inslaan die bij hun belangstelling past. Maar in de meeste landen bestaat het basisinkomen vanaf het moment dat men meerderjarig wordt. Wie wel werk heeft, ziet zijn inkomsten belast met een gering belastingtarief. Wie niet werkt, wordt er niet toe gedwongen, ook al blijkt snel dat de meeste mensen niet alleen graag een beetje beter leven, maar ook hun tijd zinvol willen besteden. Enkele mensen blijven toch liever voor de televisie zitten en investeren hun basisinkomen in bier.

Wie geen werk heeft omdat de economie hem gewoon niet meer nodig heeft, wordt niet vernederd door een regelmatige gang naar het arbeidsbureau, zinloze sollicitaties en medische verklaringen; wie wel werk heeft, krijgt de mogelijkheid te kiezen hoe vaak hij in wat voor soort baan wil werken. De houding ten opzichte van de arbeid verandert in één klap. Enerzijds is echte, productieve arbeid kostbaarder geworden, anderzijds wordt die productiviteit niet meer zo sterk in cijfers gemeten. Wie zijn hele leven lang zwoegt en ploetert alleen om meer geld te verdienen, wordt meelijwekkend aangekeken, ongeveer zoals de leden van de bourgeoisie of de adel in de achttiende eeuw naar boeren en dagloners keken. Steeds meer mensen begrijpen dat de westerse obsessie met het morele korset van de arbeid, dat alleen werkelijk moreel kan zijn als er geen plezier aan valt te beleven, pas zo'n tweehonderd jaar geleden is ontstaan. Ook de protestantse arbeidsethiek blijkt een voorbijgaand en bepaald niet onontbeerlijk fenomeen.

Maar voor veel mensen is arbeid geen hinderlijke plicht en geen poging het eigen geweten te sussen, maar een verrijking die hun leven structuur geeft en sociale contacten oplevert; ze voelen zich er nuttig door. Gemiddeld werken mensen minder en flexibeler, velen, zij het lang niet iedereen, zijn betrokken bij buurtinitiatieven en verenigingen. Repair Cafés worden belangrijke sociale centra. Mensen die iets tot stand brengen en iets veranderen worden bewonderd, arbeid wordt steeds meer een voorrecht dat gedeeld wordt.

Tegelijkertijd ontbrandt er een nieuwe discussie. Wat is de waarde van een mens voor de samenleving? Wie ben ik als ik niet meer iemand ben die de kost verdient? Is luiheid verwerpelijk, ziekelijk, of is het de eigenlijke bestemming van de mens? Wat is een goed leven?

Er zijn nog maar tien jaar voorbijgegaan, en de vroeger zo rijke samenlevingen zijn radicaal veranderd. Eigenlijk zijn ze nog steeds rijk, maar de reorganisatie van de energievoorziening en de markt heeft gigantische investeringen noodzakelijk gemaakt. Toch hebben de mensen zich verrassend snel aan die andere wereld aangepast en daarin hun plekje gevonden. Echt cool zijn alleen de mensen die zonder enige moeite elegantie en levensstijl hebben weten te verbinden met een *zero carbon footprint*. De inventiviteit van de mensen blijkt geen grenzen te kennen. Zelfs de mode keert terug en adverteert met producten uit nieuwe materialen die energieneutraal en zonder uitbuiting van arbeiders (in de meeste gevallen door robots) worden gemaakt. Echt luxueuze mode is met de hand vervaardigd.

Maar de razendsnelle ontwikkeling van nieuwe technologieën heeft niet alleen de arbeid veranderd. Het probleem van de digitale echokamers en het enkele feit dat algoritmen beslissingen nemen op grond van data-analyse en niet uit onwetendheid, domheid of woede, hebben de democratische systemen behoorlijk opgeschud. Moeten we onze toekomstige beslissingen aan computers overlaten? Enkele landen zijn tot de conclusie gekomen dat verkiezingen om de vier of vijf jaar een te ouderwetse methode zijn om de democratie levendig te houden.

Sommige landen experimenteren met regelmatige burgerbijeenkomsten, andere met een lotingssysteem dat burgerraden benoemt die samen met experts en politici beslissingen nemen of hun veto kunnen uitspreken, weer andere landen houden dagelijkse mini-stemmingen via sociale media (dat blijkt al snel een ernstige vergissing) of proberen het naoorlogse systeem te behouden. Dat blijkt moeilijk, want de traditionele volkspartijen zijn verkommerd tot nostalgische randverschijnselen, terwijl tientallen groeperingen en one-issuebewegingen die niet meer zuiver nationaal zijn georiënteerd, coalities trachten te vormen. Overal wordt de participatiedemocratie uitgeprobeerd, maar steeds weer blijken de meeste mensen te druk te zijn en ook te weinig belangstelling te hebben om er echt aan mee te doen, en blijken de beslissingen steeds door kleine groepen mensen genomen te worden. Idealisten betreuren dat, realisten nemen het voor kennisgeving aan.

De opwarming van de aarde is intussen zo ver gevorderd dat de Noordpool in de zomer helemaal ijsvrij is en grote delen van de permafrost op het noordelijk halfrond ontdooien. Zo komen er grote hoeveelheden methaangas in de atmosfeer, wat de opwarming weer doet versnellen. Voor veel kuststreken is het al te laat. Klimaatzones en bruikbare landbouwgebieden zijn aan het verschuiven, vaak over landsgrenzen heen, agrarische culturen en manieren van leven worden vernietigd, regenwouden worden savannes, oorlogen om water en bouwland doen zich voor rond de evenaar en in het Nabije Oosten, door de stijgende zeespiegel overstromen delen van Florida en Bangladesh en diverse eilanden in de Stille Oceaan. Die ontwikkelingen konden niet meer verhinderd worden, en er bestaat ook geen oplossing voor. Ze blijven tragisch.

Een ander groeiend probleem is nog altijd de landbouw, die ondanks genetisch gemanipuleerde producten en veel betere bewateringstechnieken de behoefte van een nog steeds toenemende wereldbevolking amper kan bevredigen. Verticale teelt in reusachtige schappen onder kunstmatig licht is in vele regio's intussen de norm geworden. De technologie is goedkoop, en steeds meer mensen hebben thuis hun eigen verticale moestuin. Niettemin blijft de verdere uitbreiding van landbouwgronden een voortdurende strijd om land, water en macht.

Ook verder zijn er precaire ontwikkelingen en existentiële gevaren. Afgezien van de nucleaire arsenalen die nog steeds een apocalyptische bedreiging vormen, heeft het terrorisme mede door de druk van de bevolkingstoename in veel jonge industrielanden een nieuwe dimensie gekregen, omdat het ook van moderne technieken gebruikmaakt. Cyberaanvallen op de infrastructuur van grote steden blijken effectiever dan zelfmoordaanslagen.

De meeste slachtoffers van die aanvallen door mobiele milities, religieuze fanatici en revoluties wonen in de armste landen. Maar ook in sommige rijkere landen is het leven moeilijker geworden. Er worden nog steeds muren gebouwd, hekken opgetrokken, gewapende observatiedrones ingezet. Enkele westerse landen zijn veranderd in een dictatuur, ook al dragen de machthebbers keurige pakken, geen uniformen. Na een reeks aanslagen wordt in Europese landen serieus gediscussieerd over de vraag of alle jonge mannen die als gevaarlijk worden gezien, preventief ondergebracht moeten worden in interneringskampen, voor hun eigen bescherming, zoals de pleitbezorgers zeggen. Veel landen hebben nauwelijks nog een vrije pers, omdat de machthebbers ook de eigenaren van de mediaconcerns zijn. De meeste mensen halen hun informatie en het nieuws uit sociale media, die op het individu toegesneden inhoud en nieuws verbinden met gerichte reclame voor producten.

Onder de druk van de gebeurtenissen verandert het migratiebeleid. Meer dan honderd miljoen mensen hebben hun geboortegrond verlaten – omdat ze ertoe gedwongen werden, omdat het leven ondraaglijk was, omdat er te veel mensen op één plek waren, omdat ze op een beter leven hoopten. Vooral de bevolkingsexplosie in Afrika is een permanent en onoplosbaar probleem geworden. Enkele rijke landen voeren een actieve migratie- en integratiepolitiek die aan nieuwkomers een duidelijke weg naar het staatsburgerschap wijst, andere weigeren migranten in te burgeren en hebben weldra naast een eigen economie een schaduweconomie van de immigranten, die geen belasting betalen en wier kinderen niet naar school gaan. Ze staan buiten het systeem. Een paar landen staan helemaal geen immigratie toe. Ze hebben aan hun grenzen automatische schietinstallaties geïnstalleerd of maken gebruik van gewapende drones.

Maar met de grote ommekeer zijn de westerse landen een minder interessant doel voor migranten geworden. Belangrijker worden internationale initiatieven waarbij wordt geprobeerd *displaced persons* te vestigen in het nu qua klimaat gematigde Siberië en het noorden van Canada, wat op behoorlijk wat politiek verzet stuit. Verdedigers van die initiatieven argumenteren dat het de enige mogelijkheid is grotere rampen te voorkomen.

In een tijd waarin grote delen van de wereldbevolking, waaronder talloze boeren die hun akkers moesten verlaten, zich in gigapolen concentreren, veranderen ook de steden. In arme landen met een zwakke overheid worden het dystopische oorden zonder autoriteit of infrastructuur, geregeerd door bendes, een nieuwe vorm van barbarij. Maar in stabiele staten worden nieuwe steden gebouwd die hun energie uit de omgeving halen. Groene, van boven tot onder met bomen en andere planten begroeide wolkenkrabbers voegen zich samen tot verticale bossen en veranderen het stadsleven volledig. Juist door hun hoogontwikkelde technologie kunnen steden het zich permitteren deel van de natuur te worden.

Bijna twintig jaar na de grote ommekeer is de wereldeconomie amper nog te herkennen. In de meeste landen is ze nog steeds kapitalistisch, en de markt voor nieuwe ideeën en technologieën is sterker dan ooit. Tegelijkertijd heeft de automatisering de economieën van Zuidoost-Azië voorlopig teruggeworpen, omdat goedkope arbeid haar concurrentievoordeel is kwijtgeraakt en een groot deel van de productie van consumptiegoederen in volledig geautomatiseerde fabrieken in de doelmarkten plaatsvindt. Dat heeft tot aanzienlijke politieke spanningen geleid en een aantal staten veranderd in dictaturen. Maar de ontwikkeling is niet te stuiten. Robots zijn zo flexibel geworden dat een fabriek die solarvoertuigen maakt, binnen een paar dagen kan overschakelen op de productie van huishoudapparaten of zelfs van kleding. China heeft zijn rol als wereldmarktleider van duurzame energie verder vergroot en daarmee zijn dominante positie veiliggesteld, maar andere landen zijn door meer investeringen in wetenschappelijk onderzoek bezig aan een inhaalslag.

Om snelle innovatie mogelijk te maken, worden patentwetten belangrijk afgezwakt. Kennis is nu sneller rechtenvrij, uitvinders en ontwikkelaars kunnen niet meer op grote winsten rekenen. Het verlies wordt goedgemaakt door overheidsbudgetten voor wetenschappelijk onderzoek: briljante geesten worden goed betaald en alle uitvindingen worden gemeengoed. Projecten die met behulp van publieke gelden tot stand komen, evenals veel particulier uitgevoerde projecten worden als *digital commons* wereldwijd toegankelijk gemaakt. De meeste ervan worden gemeenschappelijk door wetenschappers en computers over de hele wereld ontwikkeld, de resultaten van empirisch wetenschappelijk onderzoek en experimenten worden direct in het systeem ingevoerd.

Afgezien van de biotechnologie is er geen concurrentie

meer tussen consumptieproducten, er is alleen nog wedijver in de sectoren van de duurzame energie, nieuwe materialen en de robottechniek. Op al die gebieden concurreren wetenschappers niet alleen met andere wetenschappers maar ook met steeds intelligentere en steeds creatievere software – een wedloop die de wetenschappers langzaam maar zeker aan het verliezen zijn. Nadat problemen bij de patroonherkenning, de contextualisering en de taalherkenning zijn opgelost, wordt nu ook de enige voorsprong van de mens, de intuïtie (afgezien van de fijne motoriek), zeer effectief gesimuleerd door uitgekiende toevalsgeneratoren.

De houding tegenover de digitale techniek is vooral bij jonge mensen fundamenteel veranderd. Terwijl een steeds groter aantal hun leven alleen nog lijkt te sturen via beeldscherm en spraakopdracht, is een hele beweging van voornamelijk jongere burgers zich gaan overleveren aan de analoge wereld en maakt alleen nog gebruik van digitale apparaten als het onvermijdelijk is. Tegelijkertijd helpt die technologie ook bij het bereiken van de zelfgekozen milieudoelen, want ze kan de grootst mogelijke efficiëntie van systemen berekenen en vindt volledig zelfstandig nieuwe oplossingen voor problemen die er ontstaan. De almaar toenemende competentie van de machines – enkele wetenschappers spreken al van bewustzijn – boezemt veel mensen angst in, het is een van de grote variabelen van de toekomst. Wanneer worden mensen overbodig?

Oudere mensen die vroeger in concerns of in de politiek werkzaam waren, constateren iets verbazingwekkends. Terwijl twee decennia eerder alles nog draaide om kwartaalcijfers, aandelenkoersen, productiviteit en omzetstijging zijn de ondernemers van nu meer ontspannen geraakt. Ze zijn nog altijd ambitieus en gedreven, ze willen nog altijd geld en succes, maar hun producten zijn onderhevig aan langere cycli, hun personeel moet gemotiveerd zijn, anders blijven de mensen niet, de sfeer op het werk moet deugen, en de producten of diensten moeten iets bieden wat mensen werkelijk nodig hebben. De meeste mensen hebben minder geld dan nog maar tien jaar geleden, maar ze leven ook met minder consumptiedwang en ontlenen hun identiteit minder sterk aan producten en meer aan andere activiteiten, associaties en culturele deelname.

Dat feit verbijstert de wetenschappers die de grote ommekeer en de effecten ervan bestuderen. Natuurlijk, sommige mensen kopen nog steeds schandalig dure handtassen. Maar een toenemend aantal consumenten lijkt zijn belangstelling voor consumeren te verliezen. Dat creëert problemen voor de economie die nog steeds op de doodlopende weg van de groei zit. De overgang naar een economie die innovatie stimuleert en die kán maar niet hóéft te groeien, gaat moeizaam, en sommige landen zijn er veel succesvoller in dan andere. Maar het is niet gebrek aan geld dat de mensen ervan weerhoudt boodschappen te gaan doen. Ze lijken nu iets anders te doen te hebben.

De kans om een echte toekomst op te kunnen en te moeten bouwen, heeft veel mensen een nieuw soort transcendentie verschaft, hoop op een gemeenschappelijk doel. Langzaam wint het standpunt terrein dat het belangrijkste kapitaal van een samenleving de kwaliteit van de natuurlijke bronnen en de kwaliteit van het leven van de mensen is. Voor velen is de ommekeer een persoonlijk project geworden dat hun weer hoop geeft. Sommige wetenschappers brengen die trend in verband met de ineenstorting van de nationaal-populistische partijen, die kortstondig een belangrijke en felle rol in de politiek hebben gespeeld.

Natuurlijk is er nog steeds sprake van nationalisme, racistische vooroordelen, politieke strijd en belangenconflicten; hebzucht en domheid zijn even wijdverspreid als vroeger, maar door de droom weet iedereen dat er vaart gezet moet worden achter de grote verandering, ook al verschillen ze soms grondig van mening over de vraag hoe het moet. Vooral de nationalisten zijn in een voortdurend achterhoedegevecht gewikkeld, omdat ze niet duidelijk kunnen maken hoe ze hun volk tegen de mondiale transformatie kunnen beschermen: het klimaat en de digitalisering laten zich niet tegenhouden door muren.

Veel mensen hebben na de gebeurtenissen van de voorafgaande jaren hun vertrouwen in de politiek verloren. Af en toe duikt er iemand op die enkele jaren lang gevierd wordt als Messias, maar de machine van de technocratische democratie begint te puffen en te sputteren. De mensen begrijpen dat de beslissingen die ze nu nemen niet alleen gevolgen hebben voor hun eigen leven, maar ook direct voor het leven of overleven van hun kinderen. Bij een dergelijke hoge inzet willen steeds meer mensen zelf beslissingen nemen en die in daden omzetten – desnoods buiten de staat om.

Op veel plaatsen worden burgercomités gevormd die zich verenigen om hun eigen voorziening op het gebied van energie en andere onontbeerlijke dingen te regelen en samen te coördineren. Dat werkt niet overal goed. Op sommige plekken is het collectivisme neerdrukkend, op andere plaatsen komt het helemaal niet tot een bundeling van krachten en worstelen de bewoners in hun eentje met de plaatselijke problemen. Zo wordt het beroep van politicus zelf een relict uit het verleden. In plaats daarvan worden activisten en geëngageerde burgers die carrière buiten de partijen hebben gemaakt, met belangrijke ambten bekleed.

In de politieke besluitvorming zijn er pilotprojecten gaande om alle belangrijke beslissingen volgens diverse morele en politieke parameters op hun waarschijnlijke effecten door te laten rekenen door algoritmen en over die resultaten dan te stemmen. Critici waarschuwen er al lang voor dat die methode weliswaar objectief lijkt, maar in feite de ontwikkelaars en eigenaren van de algoritmen buitensporig veel macht geeft. Het tegenargument dat de systemen zich intussen zelf volledig programmeren, stelt hen niet gerust. Ze vrezen de macht die de virtuele wereld over de analoge wereld heeft, en ze worden uitgemaakt voor vijanden van de technologie.

Het financiële systeem was niet voorbereid op de droom. Maar hoewel de aandelen van vele, normaal als veilig geldende bedrijven een vrije val hebben gemaakt – vooral de oliesector was het slachtoffer – bleef de mondiale financiële crisis ditmaal uit. Nieuwe investeringen in duurzame energiebronnen en de biotechnologie kunnen de verliezen maar gedeeltelijk goedmaken, vooral omdat door de invoering van reële prijzen de uitgangspunten van de beursspeculanten volledig op de kop zijn gezet. De hele aandelenmarkt koelt af. Voor enkele grote banken en voor concerns die in de armste landen hun producten lieten produceren, betekent die verandering een ramp. Ditmaal worden de banken niet gered. De profeten van Wall Street kondigen de wereldondergang aan. Maar die blijft uit.

Juist in de Verenigde Staten was de Apocalyps bijna werkelijkheid geworden. Meteen na de droom deden zich er situaties voor die het meest aan een burgeroorlog deden denken. Milieuactivisten worden enorm populair en verzetten zich tegen de politiek van de federale regering, ze bezetten waterbekkens en elektriciteitscentrales, strijders voor burgerrechten leiden een protestbeweging, maar kunnen hun radicale vleugel niet beteugelen, conservatieven bewapenen zich met zwaar materieel en verschansen zich in *gated communities*, sekteleden vluchten de bergen in, evangelische predikers vormen eigen milities. Een aantal zuidelijke staten verkeert al jarenlang in staat van oorlog. De Mexicaanse regering steunt de milieurebellen financieel en logistiek om op de lange termijn de controle te krijgen over het water van de Colorado River, die met uitdroging wordt bedreigd.

De opstand van de toekomst, zoals die wordt genoemd, loopt uit op de afzetting van de negenveertigste (vrouwelijke) president, die de klimaatverandering straal wenste te negeren en voor een belangrijk deel werd gefinancierd door de fossiele grondstoflobby. Een interim-regering uit burgerraden neemt de ambtsbezigheden over, de nieuwe verkiezingen verlopen chaotisch, er komen 37 partijen in het Congres en ze vormen een grote coalitie om de transformatie in goede banen te leiden. Critici noemen het een Sovjetsysteem. Een hervestigingsprogramma bemiddelt bij pogingen om mensen uit steden als Phoenix en Dallas, die wegens watertekorten en stofstormen onbewoonbaar geworden zijn, over te plaatsen naar andere staten, vooral Wisconsin en North Dakota, waar ze op citrusplantages kunnen werken.

In Europa heeft de droom soortgelijke, zij het iets andere gevolgen gehad. Na de ineenstorting van de EU verkeert het continent in een shock. Maar dan wordt er een burgerbeweging gevormd, waarvan jongeren de ruggengraat vormen. Die opstand van de jeugd werft aanhangers met de slogan ‘Handen af van onze toekomst!’ en eist dat alle mensen boven de dertig jaar uit verantwoordelijke posities worden verwijderd. De aanvoerder ervan is net zeventien geworden. Aanvankelijk komt het tot gewelddadige protesten. Maar nadat in Spanje op straat twee oude mensen doodgeslagen en beplakt met haatberichten worden aangetroffen, treedt er een fase van realisme in. Een vleugel van de ‘Handen af’-activisten geeft zijn dogmatische houding op en nodigt ook mensen boven de dertig uit om in elk geval als adviseurs aan de campagne mee te doen. Zo wordt er een brede, zich over heel Europa uitstrekkende coalitie gevormd die via internetverkiezingen vertegenwoordigers kiest. De nieuwe afgevaardigden van de Europese Volkenbond in oprichting nodigen de vertegenwoordigers van de Europese regeringen uit om in de verlaten gebouwen van de voormalige EU te komen praten.

De opstandige jeugd, milieuactivisten en een groepje humanisten komen bijeen voor een *One-Earth-One-Europe*-beweging, die met directe mandaten over nationale grenzen heen een campagne over de verandering van de economie in beweging zet. De beweging beschikt over een voortreffelijk netwerk en organiseert bijeenkomsten en stemmingen via sociale media; burgers uit alle landen nemen deel, ver over de Europese grenzen heen, inclusief Nieuw-Zeeland en Japan, met groeiende aantallen Indiase en Chinese deelnemers. Er vormt zich een mondiale jeugdbeweging, die haar toekomst niet meer wenst toe te vertrouwen aan de ouderen.

Er zijn maar weinig oudere mensen die zich serieus verzetten tegen die beweging. Enerzijds zijn velen van hen verbijsterd over de ontwikkelingen die ze niet verhinderd hebben, anderzijds voelen ze ook niet de noodzaak zich te verzetten. Er is iets veranderd in de samenleving, al valt er moeilijk de vinger op te leggen wat dat is. De vraag die mensen zich twintig jaar eerder gesteld hebben, namelijk 'Wat zeg ik als mijn kinderen of kleinkinderen op een dag vragen waarom we niet méér hebben gedaan?' wordt niet meer gesteld.

Die kinderen zelf worden actieve deelnemers aan de maatschappelijke ontwikkelingen. Na twintig jaar wordt de eerste generatie mensen volwassen die nooit iets anders gekend hebben dan de wereld na de grote ommekeer. Ze hebben heel andere gewoonten en standpunten dan hun ouders. Het zijn *transformation natives*. Een van hen studeert geschiedenis en zal later over de vroege eenentwintigste eeuw gaan schrijven. Ze is gefascineerd door een samenleving die meende zonder toekomst en zonder hoop te kunnen overleven.

Een soort hoop

Als we onze toekomst vorm willen geven,
moeten we boven ons uitgroeien.

NELSON MANDELA

Het is een relatief riskante strategie blind te vertrouwen op de tandenfee van de geschiedenis. Toch zou dat scenario heel realistisch zijn als mensen weliswaar niet wijzer of onbaatzuchtiger zouden worden, maar plotseling zouden begrijpen in welke situatie ze zich bevinden, wat iedereen te wachten staat of te wachten zou kunnen staan.

Zonder hulp uit het rijk der feeën zal het moeilijker worden die grote ommekeer te bewerkstelligen zonder erdoor te worden meegesleurd. Normaal duurt zo'n ommekeer een aantal generaties (zie de kleine ijstijd), maar onder de gegeven omstandigheden is er gewoon niet genoeg tijd om op het mechanisme van de culturele vadermoord te vertrouwen. Over de conflicten binnen één generatie moet veel sneller onderhandeld worden om tot het begin van een oplossing te komen, zolang er nog enige ruimte tot handelen is.

Ik heb aan het begin van het boek de samenlevingen van de rijke wereld omschreven als toekomstloos, gericht op het behoud van de status, op een nooit eindigend heden. Dat heden is al voorbij – alleen de coulissen staan nog overeind.

Om de seismische verschuivingen binnen die samenlevingen en in een mondiale risicogemeenschap niet alleen te ondergaan maar op zijn minst gedeeltelijk te beïnvloeden, is veel vastberadenheid nodig, zelfs heldhaftige vastberadenheid.

Het is niet moeilijk her en der een blijk van die vastberadenheid te zien. Wetenschappelijke projecten op de hele wereld werken aan nieuwe methoden van energiewinning, afvalverwerking en recycling. Ik word vaak als spreker uitgenodigd op festivals voor literatuur, ideeën en filosofie, waar intelligente projecten worden voorgesteld en vooral door jeugdige deelneemsters besproken, en er zijn meer TED-talks met pittige oplossingen dan je in je eentje kunt bekijken. Waarom overtuigt me dat allemaal niet? Misschien omdat ik overal dezelfde mensen ontmoet, mensen die naar zulke festivals en lezingen gaan en die je makkelijk de illusie kunnen geven dat iedereen zo denkt, dat veel mensen zo denken.

In feite is het slechts een minderheid die zich bezighoudt met die vraagstukken. Ook in hoogontwikkelde landen kent een groot deel van de burgers die problemen niet, ontkent ze, meent er niet direct het slachtoffer van te zijn of heeft de implicaties ervan gewoon nog niet doordacht.

Democratie is een trage machinerie, gemaakt om beslissingen te vertragen, merkte politicoloog Herfried Münkler ooit op. In verband met de urgente existentiële problemen, zoals klimaatverandering, zou een wijze werelddictator ongetwijfeld de beste optie voor de mensheid zijn – maar ook de meest wijze dictator heeft een domme zoon, een dwaze dochter of een ambitieuze adviseur. Zo rest ons alleen de heilloze middelmatigheid van de democratie, de slechtste van alle staatsvormen, even afgezien van alle andere.

De liberale democratieën maken juist de ineenstorting

van een sociale consensus mee die de naoorlogse periode in Europa en de Verenigde Staten heeft gevormd en in Europa met de sociale markteconomie het misschien menselijkste kapitalistische systeem heeft ingevoerd dat de geschiedenis kent. Na de afbraak van dat systeem door de avant-garde van de vrijemarkteconomie en onder druk van migratie en terrorisme verandert het opinieklimaat radicaal, zodat de indruk wel moet ontstaan dat de samenlevingen in het Westen ook intern geen gemeenschappelijk project meer hebben. Concurrerende individuen in een strijd met ongelijke middelen, consumenten wier persoonlijke lust of onlust over alles beslist, mensen die langzaam door machines worden verdrongen, en burgers die twee ideologische families hebben gevormd, de markt en de vesting – het commerciële verhaal van de naoorlogse periode heeft de mensen in het Westen drastisch veranderd.

Is het mogelijk die geschiedenis te doorbreken? Nadat we tientallen jaren offers op het altaar van de markt hebben gebracht, is dat onze tweede natuur geworden. Het is kennelijk tot de noodzakelijke en natuurlijke orde der dingen gestold: alle mensen zijn consumenten, monaden in eeuwige concurrentie met elkaar, voortgedreven door het verlangen naar commerciële transcendentie, een geslaagd leven wordt bepaald door welvaart. Het is al lang contra-intuïtief geworden om je zelfs maar een gemeenschappelijk project voor te stellen buiten de markt om. Het lijkt onmogelijk dat te veranderen.

Althans in dat opzicht valt er hoop te putten uit het verleden. De geschiedenis is vol projecten die, tegen de achtergrond van hun tijd beschouwd, absurd en onmogelijk leken, maar daarna – vaak verbazingwekkend snel – werkelijkheid werden, van de idee van de gelijkheid en de mensenrechten via de bevrijding van de slaven en de emancipatie van de vrouwen tot en met het homohuwelijk, om maar te zwijgen van technologische ontwikkelingen. De alchemie van het collectieve handelen maakt het onmogelijke steeds weer mogelijk, indien er voldoende mensen zijn die overtuigd en vastberaden genoeg zijn om zich ervoor in te zetten.

De ironie van die situatie is dat het gemeenschappelijke project, de gemeenschappelijke hoop die in veel samenlevingen lijkt te ontbreken, zich direct onder onze neus bevindt. Een werkelijk vastberaden en snelle transformatie van onze fossiel aangewakkerde groei-economie, een groene revolutie van economie en samenleving en een internationale politiek van pragmatische solidariteit zou om immense economische, politieke, culturele en fantasierijke middelen vragen, maar ook enorme economische, wetenschappelijke en culturele energie vrijmaken. Nieuwe opvattingen over hele samenlevingen, economische modellen, democratieën, sociale praktijken, digitale interactie en ten slotte ook ideeën en identiteiten vormen de grootste uitdaging, het grootste gemeenschappelijke project dat maar denkbaar is. Door dat proces, door de gemeenschappelijke inzet en de gemeenschappelijke onthouding, zou opnieuw een dynamiek kunnen ontstaan die mensen weer hoop geeft. De werkelijkheid is echter niet zoals filosofen, economen of theologen die ontwerpen. Ze is in de woorden van de Ierse dichter Louis MacNeice 'onverbeterlijk veelsoortig'.

Maar de idee van een gemeenschappelijk project moet zich ook de vraag laten welgevallen of het nu juist niet zulke gemeenschappelijke projecten en gemeenschappelijke identiteiten zijn geweest waarvan de verlichters, de hervormers en de activisten zich door de eeuwen heen hebben willen losmaken. Het is amper origineel, maar toch belangrijk om op te merken dat het project dat westerse landen tot in de tijd van de bijna manisch optimistische victorianen en nog tot aan de Eerste Wereldoorlog in de praktijk hebben gebracht, een visie van een samenleving was die uiteindelijk alleen dienstbaar was aan blanke, vermogende mannen, en aan anderen, bijvoorbeeld ook alle vrouwen, een lagere rang toewees in de door God of de natuur bepaalde hiërarchie. Een groot en kennelijk groeiend aantal mensen denkt met weemoed terug aan die orde en zou zich graag in de vesting bevinden waar de kasteelheer al weet wat er te doen staat.

Maar wie dat niet wil, moet durven hopen, desnoods tegen alle pragmatische evidentie in – pessimisme van de ratio, optimisme van de wil, zoals Antonio Gramsci het formuleerde. Ook als alle wegwijzers in een angstaanjagende richting staan, is het verloop van de toekomst nog niet vastgelegd en kan ze altijd onverwachte wegen inslaan, steeds kunnen schijnbaar onbelangrijke factoren beslissend blijken te zijn en heel nieuwe mogelijkheden en urgenties creëren. Een voorbeeld daarvan zijn de Nederlanden en hun Spaanse bezetters in de zeventiende eeuw. Terwijl het kleine land aan de noordelijke kust van Europa de kleine ijstijd gebruikte om de economie, de politiek en de samenleving tegen de wil van zijn bezetters te herordenen, zag het machtige en rijke Spanje geen reden iets te veranderen. Maar het grootste rijk van zijn tijd kon niet op tegen het klimaat, en het viel uiteen als gevolg van zijn starheid.

Het is verleidelijk ook voor onze tijd de vraag te stellen of een Spaans scenario nog te voorkomen is, of de samenlevingen die het meeste belang bij de status quo hebben zich nog zo dynamisch kunnen ontwikkelen als de Nederlanden, die hun ellende wisten om te zetten in een enorme kans.

Maar opgepast. Domme hoop en naïef optimisme zijn de doodgravers van veel goede ideeën geweest. (Hoop mag wel onrealistisch zijn, maar niet dom.) Het is het optimisme van de kapitein van de *Titanic*, die dacht dat het wel los zou lopen, dat het ergste niet zou gebeuren, dat er niets zou gebeuren.

Een lucide optimisme moet uitgaan van de mogelijkheid van het ergste en moet begrijpen dat het niet toereikend is te wachten tot alle mensen goedwillend zijn geworden, enthousiast aan burgerinitiatieven meedoen en hun producten op de biologische markt kopen. Heel veel mensen zijn verbazingwekkend slecht geïnformeerd, ze zijn begrijpelijk genoeg op hun eigen voordeel uit (of wat ze daarvoor aanzien) en ze zijn volop bezig zich door hun dagelijks leven heen te slaan. Veel mensen denken niet dat dit probleem ook het hunne is. Een democratie kan haar burgers niet uitzoeken, vooral niet als ze door een zuiver economisch project zijn misvormd.

Een lucide optimisme moet zich afvragen wat het aan het publieke debat kan bijdragen, of en hoe het de echokamers kan binnendringen. Ook de verlichters streden die strijd om sociale hoop in samenlevingen die onbekend waren met transformatieve ideeën en met de gedachte aan een collectieve vooruitgang door wetenschap en rationeel denken. Maar tegelijkertijd was de ratio niet alles waarvoor ze vochten. Het ging hun om menselijkheid, Richard Rorty zou zeggen: om vermindering van de wreedheid, om een gemeenschappelijk moreel project, een gemeenschappelijke fictie.

Een nieuwe soort economie, de industriële revolutie, stelde die fictie in staat vaste voet in de samenleving te krijgen en haar te transformeren. Tegenwoordig is de uitdaging groter, de inzet veel hoger, de tijd krap. Des te belangrijker lijkt het om verhalen te bedenken die boven de tegenstelling tussen markt en vesting uitstijgen en zich de vraag stellen hoe onze samenlevingen er over dertig jaar uit moeten zien.

Verlichting is geen dogma, maar een houding, een 'ethos',

zoals Michel Foucault het formuleerde. Ze was en is een uitgestrekt landschap van individuen en groeperingen die het aandurven tegen de gevestigde godsvrucht in te denken, hun ratio en de bewijskracht van de feiten te volgen (ook om te begrijpen dat ze geen rationele dieren zijn) en nieuwe mogelijkheden te ontwerpen, nieuwe denkruimtes te openen. Het is absoluut noodzakelijk de erfenis van de verlichting kritisch door te lichten en het project ook in zijn tegenstrijdigheden te begrijpen, maar de insteek is nog altijd een centrale uitdaging, vooral in verband met de steeds snellere ontwikkeling van de digitale technologieën. De luxe van de onwetendheid kan levensbedreigend zijn.

Een nieuwe verlichting is niet de oplossing van alle problemen. Het ontstaan van een nieuw soort samenleving – of de ondergang van een oude – is geen wiskundige opgave waarbij na de toepassing van de relevante formules rechts naast het isgelijkteken een correcte waarde kan worden genoteerd. Voor sommige problemen bestaat geen oplossing, sommige situaties blijven tragisch.

Juist in een tragische situatie is het belangrijk geen geloof te hechten aan wat warme gevoelens in de buik oproepen, maar zo veel mogelijk helderheid te verkrijgen. De mensen die nu leven, zullen de wissels omzetten, of ze dat nu willen of niet. Misschien heeft niemand erom gevraagd bij een generatie te horen die het lot van de toekomstige generaties in hoge mate mede bepaalt, bij een generatie met een zeldzame verantwoordelijkheid. Maar dat verandert niets aan de situatie.

Steeds weer heeft het inzicht gewonnen dat de waarheden van de ene historische periode de leugens van een andere zijn. Wie tegenwoordig nog serieus beweert dat de aarde plat is, wordt terecht uitgelachen. Maar wie zich er vrolijk over maakt, moet ook begrijpen dat we intussen niet meer kunnen geloven dat de aarde het middelpunt is van iets anders dan onze beleving. Homo sapiens bevolkt een middelgrote planeet in een van de honderden miljarden galactische stelsels, waarvan elk stelsel miljarden sterren en vele miljarden planeten telt. Er bestaat geen groots plan voor de mensheid, geen beschermende, onzichtbare hand.

Ook als de opwarming van de aarde uit de klauwen loopt en aan dat vreemde en fascinerende organisme – dat wij zijn – niet langer een levensfundament biedt, zou het maar een paar honderdduizend jaar duren voordat het leven zich weer hersteld heeft en in een nieuwe veelsoortigheid en schoonheid floreert – zonder dat menselijke ogen het te zien krijgen. Gistsporen zouden zeer waarschijnlijk elke klimaatramp overleven. Homo sapiens zal het alleen halen als hij zich éénmaal in zijn carrière op deze planeet niet als een gistcultuur gedraagt.

Een verlichte houding is slechts een breekbaar begin in een proces dat zich over hele generaties zal uitstrekken. Tegenwoordig is er nauwelijks nog iemand die eraan gewend is in dat soort tijdvakken te denken – het economisch bewustzijn flakkert van kwartaal naar kwartaal. Maar niet alleen de bouwers van kathedralen die wisten dat zij persoonlijk nooit het voltooide gebouw zouden zien, hebben die lange adem gehad. Ook de filosofen van de verlichting, de tegenstanders van de slavernij en de civil rights-activisten hebben zich ingezet voor projecten die niet alleen weinig uitzicht op succes boden, maar die ook het werk van meerdere generaties waren. Wetenschappers, handwerkers en kunstenaars staan ook in die lange keten van arbeid en inzet, die ver boven hun eigen werk uitstijgt.

Het onmogelijke is in de loop van de geschiedenis steeds weer werkelijkheid geworden, ook al wist aanvankelijk niemand hoe het mogelijk kon worden gemaakt. Zoals Richard

Sennett zou zeggen: het is ook een ambachtelijke uitdaging: met je eigen arbeid iets maken waarop je trots kunt zijn, en tijdens de verwezenlijking steeds nieuwe problemen eerst creëren en ze dan oplossen. Het scheppen van de problemen komt altijd als eerste. Daarom is dit ook niet de tijd van grote antwoorden, maar vooral van goede vragen.

Als voldoende mensen het geduld, het uithoudingsvermogen, de moed, de bereidheid tot versobering, de ironie, de hartstocht, de waakzaamheid, de menselijkheid en de solidariteit hebben, als ze weigeren op te geven, kan dat begin weer een stem worden die luid en overtuigend genoeg klinkt om een nieuw verhaal te maken.

Het is vreemd deze regels te noteren. Ze klinken pathetisch en vreemd ouderwets in een samenleving van coole mensen. Tegelijkertijd heb ik nog nooit een boek geschreven dat me zoveel hoop gaf dat mensen er over dertig of veertig jaar hartelijk om moeten lachen, als een grappig voorbeeld van waar mensen zich nog maar één generatie geleden zorgen over maakten.

Die gedachte herbergt een perverse hoop. De wetenschap werkt met modellen, die qua definitie reductief zijn; analyses worden vertekend door impliciete aannames en selectieve blindheid. Niemand weet wat er gaat gebeuren, niemand kent alle factoren en complexe causaliteiten, die achteraf altijd logisch lijken. In die onzekerheid ligt een mogelijke toekomst, een verplichting zelfs.

Wat op het spel staat? Alles.

Bibliografie

Acot, Pascal, *Histoire du climat*. Parijs 2003.

Adas, Michael, *Machines as the Measure of Men: Science, Technology, and Ideologies of Western Dominance*. Ithaca, NY 1990.

Ahlstrom, A.P., et al., 'Historically Unprecedented Global Glacier Decline in the Early 21st Century', in *Journal of Glaciology* 61, nr. 228 (2015), p. 745 e.v.

Atran, Scott, *In Gods We Trust: The Evolutionary Landscape of Religion*. New York/Oxford 2002.

Atran, Scott, 'Why ISIS has the potential to be a world-altering revolution.' https://aeon.co/essays/why-isis-has-the-potential-to-be-a-world-altering-revolution (geraadpleegd op 5 maart 2017).

Bannon, Steve, Transcriptie van een toespraak voor de Dignitatis Humanae Institute, gepubliceerd op 29-7-2014, https://www.buzzfeed.com/lesterfeder/this-is-how-steve-bannonsees-the-entire-world?utm_term=.hhoLdg2O7#.rrJJVeBnZ.

Bernays, Edward, *Propaganda*. New York 1928, herdruk 2005.

Blom, Philipp, *Het verdorven genootschap*, Amsterdam 2010.

Blom, Philipp, *De opstand van de natuur*, Amsterdam 2017.

Bregman, Rutger, *Gratis geld voor iedereen*. Amsterdam 2014.

Brynjolfsson, Erik, en Andrew McAfee. *The Second Machine Age*. New York 2014.

Cheng, Lijing, et al., Improved estimates of ocean heat content from 1960 to 2015, in *Science Advances* 3, Nr. 3 (2017); ook op internet: http://advances.sciencemag.org/content/3/3/e1601545 (geraadpleegd op12 maart 2017).

Collins, Randall, *The Sociology of Philosophies: A global theory of intellectual change*. Cambridge MA 2009.

Conrad, Sebastian, Shalini Randeria en Beate Sutterlüty, *Jenseits des Eurozentrismus: postkoloniale Perspektiven in den Geschichts- und Kulturwissenschaften*. Tweede vermeerderde druk. Frankfurt am Main/New York 2013.

Cook, Benjamin I., Toby R. Ault en Jason E. Smerdon, 'Unprecedented 21st century drought risk in the American Southwest and Central Plains', in *Science Advances* 1, nr. 1 (2015); ook op internet: http://advances.sciencemag.org/content/1/1/e1400082 (geraadpleegd 7 april 2017).

Cook, Edward, 'Asian Monsoon Failure and Megadrought During the Last Millennium', in *Science* 328 (2010), p. 486–489.

Cook, Edward R., et al., 'Old World megadroughts and pluvials during the Common Era', in *Science Advances* 1, nr. 10 (2015); ook op internet: http://advances.sciencemag.org/content/1/10/e1500561 (geraadpleegd 7 april 2017).

Eribon, Didier, *Retour à Reims*. Parijs 2009.

Foa, Roberto Stefan, en Yascha Mounk, 'The Danger of Deconsolidation: The Democratic Disconnect', in *Journal of Democracy* 27 (geraadpleegd juli 2016), p. 5–17.

Ford, Martin, *Aufstieg der Roboter. Wie unsere Arbeitswelt gerade auf den Kopf gestellt wird – und wie wir darauf reagieren müssen*. Kulmbach 2016.

Frey, Carl Benedikt, en Michael A. Osborne, 'The Future of Employment: How Susceptible are Jobs to Computerization?', 17 september 2013, op internet: http://www.oxfordmartin.ox.ac.uk/downloads/academic/The_Future_of_Employment.pdf.

Fukuyama, Francis, *Het einde van de geschiedenis en de laatste mens*. Amsterdam 1999.

Fukuyama, Francis, *De oorsprong van onze politiek. Van de prehistorie tot de Verlichting*. Amsterdam 2011.

Fukuyama, Francis, *De oorsprong van onze politiek. Orde en verval*. Amsterdam 2014.

Graeber, David, *Schuld. De eerste 5000 jaar*. Amsterdam 2012.

Graeber, David, *The Utopia of Rules: On Technology, Stupidity, and the Secret Joys of Bureaucracy*. New York 2015.

Gray, John, *Strohonden. Gedachten over mensen en andere dieren*. Amsterdam 2013.

Hochschild, Arlie Russell, *Strangers in Their Own Land: Anger and Mourning on the American Right*. New York 2016.
Hofstetter, Yvonne, *Das Ende der Demokratie. Wie die künstliche Intelligenz die Politik übernimmt und uns entmündigt*. München 2016.
Horn, Eva, *Zukunft als Katastrophe*. Frankfurt am Main 2014.
Hsiang, Solomon M., Marshall Burke en Edward Miguel, 'Quantifying the Influence of Climate on Human Conflict', in *Science* 341, nr. 6151 (geraadpleegd 13 september 2013); ook op internet: http://advances.sciencemag.org/content/341/6151/1235367 (geraadpleegd 7 april 2017).
Judt, Tony, *Het land is moe. Verhandeling over onze ontevredenheid*. Amsterdam 2010.
Kelley, Colin P., et al., 'Climate change in the Fertile Crescent and implications of the recent Syrian drought', in *Proceedings of the National Academy of Sciences*, 17 maart 2015, deel. 112, nr. 11, p. 3241–3246.
Kentridge, William, *Sechs Zeichenstunden. Die Charles Eliot Norton Vorlesungen, 2012*. Keulen 2016.
Kershaw, Ian, *De afdaling in de hel. Europa 1914-1949*. Houten 2015.
Kolbert, Elizabeth, *Das sechste Sterben. Wie der Mensch Naturgeschichte schreibt*. Berlijn 2015.
Lamb, Hubert H., *Klima und Kulturgeschichte. Der Einfluß des Wetters auf den Gang der Geschichte*. Reinbek/Hamburg 1997.
Lessenich, Stephan, *Neben uns die Sintflut. Die Externalisierungsgesellschaft und ihr Preis*. Berlijn 2016.
Louis, Édouard, *Weg met Eddy Bellegueule*. Antwerpen 2014.
Mason, Paul, *Postkapitalisme. Een gids voor de toekomst*. Amsterdam 2016.
Mishra, Pankaj, *Age of Anger: A History of the Present*. London 2017.
Mounk, Yascha, *The People Versus Democracy: The Rise of Undemocratic Liberalism and the Threat of Illiberal Democracy*. Cambridge, MA (i. E.).
Müller, Jan-Werner, *Wat is populisme?* Amsterdam 2017.
Popper, Karl R., *De open samenleving en haar vijanden*. Rotterdam 2009.

Rajan, Raghuram G., en Luigi Zingales, *Saving Capitalism from the Capitalists: Unleashing the Power of Financial Markets to Create Wealth and Spread Opportunity*. Princeton, NJ 2004.

Reich, Robert, *Superkapitalisme, en de bedreiging voor onze democratie*. Amsterdam 2007.

Reybrouck, David Van, *Tegen verkiezingen*. Amsterdam 2013.

Rödder, Andreas, *21.0. Eine kurze Geschichte der Gegenwart*. München 2016.

Ruddiman, William, *Plows, Plagues, and Petroleum: How Humans Took Control of Climate*. Princeton, NJ 2005.

Sandel, Michael J., *Niet alles is te koop. De morele grenzen van marktwerking. Utrecht* 2014.

Saul, John Ralston, *Voltaire's Bastards: The Dictatorship of Reason in the West*. New York 2013.

Scheffer, Paul, *Het land van aankomst*. Amsterdam 2010.

Schmid, Ulrich M., Interview met Ljoedmila Oelitskaja, in *Neue Zürcher Zeitung*, 6 maart 2017, op internet: https://www.nzz.ch/feuilleton/aktuell/interview-mit-ljudmila-ulitzkaja-sie-denken-nochwir-sehen-fern-ld.149034.

Sennett, Richard, *De ambachtsman. De mens als maker*. Amsterdam 2008.

Sennett, Richard, *Samen. Een pleidooi voor samenwerken en solidariteit*. Amsterdam 2016.

Srnicek, Nick, en Alex Williams, *Inventing the Future: Postcapitalism and a World without Work*. New York 2015.

Stiglitz, Joseph, *The Price of Inequality*. New York 2012.

Tepperman, Jonathan, *The Fix: How Nations Survive and Thrive in a World in Decline*. New York 2016.

Trentmann, Frank (red.), *The Oxford Handbook of the History of Consumption*. Oxford/New York 2012.

US Department of Defense, 'National Security Implications of Climate-Related Risks and a Changing Climate', 23 juli 2015, op internet: http://archive.defense.gov/pubs/150724-congressional-report-onnational-implications-of-climate-change.pdf?source=govdelivery (geraadpleegd op 7 april 2017).

Vance, J.D., *Hillbilly Blues. Een memoir over een familie en een cultuur in crisis*. Amsterdam 2017.

Verhaeghe, Paul, *Identiteit*, Amsterdam 2013.
Wagner, Gernot, en Martin L. Weitzman, *Klimaschock. Die extremen wirtschaftlichen Konsequenzen des Klimawandels*. Wenen 2016.
Weiß, Volker, *Die autoritäre Revolte. Die Neue Rechte und der Untergang des Abendlandes*. Stuttgart 2017.
Young-Bruehl, Elisabeth, *Hannah Arendt. Leben, Werk und Zeit*. Frankfurt am Main 2016.